PIERRE FRANCKH
Einfach glücklich sein!

W0046911

G GOLDMANN
Lesen erleben

Buch

Freude, Liebe und Glück sind Grundbedürfnisse des Menschen. Anhand der *7 Schlüssel zur Leichtigkeit des Seins* können wir wieder lernen, das Leben einfach als das zu betrachten, was es für jeden Einzelnen sein kann: ein Entwicklungsprozess. der Freude erschafft; für uns selbst und für unsere Mitmenschen.

Aber wie kann das gelingen? Ist Glück machbar? Pierre Franckh zeigt anhand von vielen eigenen authentischen Geschichten, dass Glück wenig mit den äußeren Umständen zu tun hat, sondern hauptsächlich mit der inneren Einstellung. Und er lässt keinen Zweifel daran, dass wir selbst etwas tun müssen, um glücklich zu sein. Viele Anregungen laden dazu ein, die eigene Einstellung bewusst zu machen und das Leben neu zu gestalten.

Autor

Bestsellerautor Pierre Franckh gehört mit einer Gesamtauflage von über zweieinhalb Millionen Büchern zu den erfolgreichsten deutschen Autoren und Top-Trainern. Seine mittlerweile über 60 Titel sind in 21 Ländern erschienen. Pierre Franckh hält Vorträge auf der ganzen Welt und gibt Seminare vor ausverkauften Häusern. Als Coach und Mentaltrainer ist er in der Wirtschaft und Persönlichkeitsentwicklung tätig, ebenso für viele Ärzte, Diplom-Psychologen, Kinesiologen und Heilpraktiker. Nach seinen Regeln und Anweisungen haben unzählige Menschen ihr Leben positiv verändert.

Weitere Informationen unter www.pierre-franckh.de.

Von Pierre Franckh sind außerdem bei Arkana erschienen:
Der 6-Minuten-Coach Finde die wahre Liebe (34126)
Der 6-Minuten-Coach Erfinde dich neu!
(HC 34125, Tischaufsteller 34165)
Der 6-Minuten-Coach Wahres Selbstvertrauen finden (34177)
Einfach erfolgreich sein (33890)
Einfach erfolgreich sein – Meditationen und Affirmationen
(CD, 33971)

Pierre Franckh

Einfach glücklich sein!

7 Schlüssel zur Leichtigkeit des Seins

GOLDMANN

Verlagsgruppe Random House FSC® N001967
Das für dieses Buch verwendete
FSC®-zertifizierte Papier *Pamo House*
liefert Arctic Paper Mochenwangen GmbH.

1. Auflage
Vollständige Taschenbuchausgabe September 2015
© 2015 Wilhelm Goldmann Verlag, München
in der Verlagsgruppe Random House GmbH
© 2008 der Originalausgabe
Arkana Verlag, München,
in der Verlagsgruppe Random House
Umschlaggestaltung: UNO Werbeagentur, München,
unter Verwendung des Originalentwurfs
von Design Team, München
Umschlagmotiv: Klaus Holitzka/Agentur Walter Holl
CC · Herstellung: cb
Satz: Greiner & Reichel, Köln
Druck und Bindung: GGP Media GmbH, Pößneck
Printed in Germany
ISBN 978-3-442-22105-9

www.goldmann-verlag.de

Inhalt

Unsere Gedanken sind unsere Welt.
Was wir denken, das werden wir –
Das ist das ewige Geheimnis.
Wenn der Geist im höchsten Selbst verankert ist,
Erfahren wir unsterbliches Glück.

Maitri Upanishad

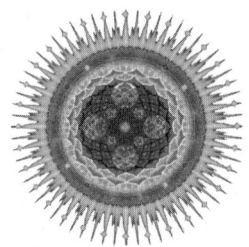

Mein Weg ins Glück

Die Wahrheiten sind in uns.
Sie waren schon immer in uns.
Das Leben entfernt uns nur manchmal davon.

Mein ganzes Leben wollte ich immer nur eins: einfach glücklich sein.

Aber sosehr ich mich auch bemühte, so groß meine Sehnsucht auch war, für eine sehr lange Zeit in meinem Leben war mir dieses lang anhaltende Gefühl von Glück einfach nicht vergönnt. Es gab Highlights, durchaus, das Aufflackern von kurzen Höhepunkten, die aber meist genauso rasch verschwanden, wie sie in mein Leben getreten waren.

Glück war in meinem Leben eher flüchtig und rar. Und das war von außen betrachtet durchaus erstaunlich. Schließlich hatte ich doch alles erreicht, was einen angeblich glücklich macht.

Ich befand mich auf dem Höhepunkt meiner Karriere, hatte die schönsten Frauen an meiner Seite, besaß genug Geld, um mir alles leisten zu können, wonach ich begehrte, und ging über jeden roten Teppich dieser Welt. Ich schien also all das zu haben, wonach sich fast jeder Mensch sehnt. Ich war ein Star. Zeitungen und Illustrierte berichteten, wie wundervoll ich mich wieder einmal amüsiert und welch außergewöhnlichen Erfolg ich wieder einmal mit einer schauspielerischen Leistung gehabt hätte. Ganz eindeutig. Ich befand mich auf der Sonnenseite des Lebens.

Und dennoch war ich nicht glücklich. Nicht erfüllt. Nicht beseelt. Das war doch merkwürdig. Alles, was ich besaß, konnte mir das ersehnte Glück nicht vermitteln! Hatte ich nicht mein ganzes Leben lang auf diesen Zustand hingearbeitet? Was nützte mir all der Wohlstand, wenn ich nicht glücklich war? Was nützte mir meine Berühmtheit, wenn ich nicht aus der Tiefe meines Herzens zufrieden war? Wenn also alles, was ich bisher erreicht hatte, mich nicht zu meinem Glück geführt hatte, was war dann Glück überhaupt? Und wie konnte man es erlangen?

Ich wollte etwas ändern in meinem Leben. Etwas Gewaltiges. Denn wenn all das Jagen nach Erfolg, Reichtum und sinnlichen Stunden mir nicht zu einer größeren Zufriedenheit verholfen hatte, musste es einen anderen Weg zum Glück geben. Meine tiefe Sehnsucht war es, dieses Glück zu finden.

Also beschloss ich etwas Ungewöhnliches. Ich zog mich für einige Monate komplett von der Außenwelt zurück. Ich verbannte Fernseher und Radio aus meiner Wohnung, kaufte Essensvorräte ein und ging in Klausur. Vier Monate lang befasste ich mich ausschließlich mit zwei Fragen. Wie schaffe ich es, eine wahrhaftige, tiefe Liebesbeziehung zu führen? Und wie schaffe ich es, glücklich zu sein?

Die ersten Tage waren hart. Meine Gedanken rotierten von einem Thema zum anderen und schienen nicht zu kontrollieren zu sein. Ich dachte an Rechnungen, die ich begleichen müsste, an Freunde, die sich Sorgen um mich machten. An meine berufliche Zukunft, an vergangene Erlebnisse mit Frauen. Ich dachte, dass es doch ein Blödsinn sei, sich in seiner Wohnung einzuschließen. Ich dachte daran, dass ich bald wieder zum Zahnarzt gehen müsste, ich überlegte, was ich essen könnte, fantasierte von der Superpizza bei meinem Lieblingsitaliener … Ich dachte an alles Mögliche, nur nicht an meine wirklich dringlichen Fragen.

Die ersten Tage befahl nicht ich über meine Gedanken,
sondern meine Gedanken befahlen über mich.

Aber ein Aufgeben kam für mich nicht in Frage. Und tatsächlich, nach einer Woche wurde ich langsam ruhiger und machte mich nach und nach mit dieser ungewohnten Stille vertraut. Ich begann mich immer mehr zu spüren und fand einen festen Tagesrhythmus. Die anfängliche Unruhe wich einer tiefen, beseelten Ruhe, die sich mit jedem Tag mehr und mehr in meinem Körper ausbreitete.

In der tiefen Gewissheit, auf dem richtigen Weg zu sein, schaltete ich nun sogar den Strom ab und verbrachte die Abende bei Kerzenlicht. Durch das vollkommene Fehlen von Geräuschen trat ich in eine wundervolle Stille ein, die mich mit mir selbst in Kontakt treten ließ. Obwohl (oder gerade weil?) ich nichts tat, nichts forcierte, nichts erzwang, formten sich meine Antworten wie von selbst und nahmen immer klarere Gestalt an. Alle Probleme der Vergangenheit rückten in weite Ferne. Obwohl ich sie noch wahrnahm, hatten sie für mich keinerlei Bedeutung mehr.

An ihre Stelle trat etwas anderes: ein Gefühl tiefer Befreiung, ein Zustand der Kontemplation. Es war, als würde ich in meine eigenen Fragen eintauchen. Und die Antworten, die mir ins Bewusstsein kamen, schienen nicht von irgendwo anders herzukommen, sondern es war so, als würde ich ebenfalls in all meine Antworten eintauchen, als wäre ich ein Teil von ihnen, als wären sie schon immer da gewesen, in mir selbst, und hätten darauf gewartet, sich wieder ins Bewusstsein zu bringen.

Ich begann mir Notizen zu machen, hielt nun ständig Bleistift und Papier bereit, und schrieb mir alle Antworten auf.

In diesen vier Monaten völliger Abgeschiedenheit fand ich in der Stille meiner Gedanken die Antworten, nach deren Wahrheit ich fortan leben wollte.

Ich kehrte in die Welt des Alltags zurück und begann ein neues Leben. Anfangs machte ich mir allerdings etwas Sorgen. Ich befürchtete, dass das, was ich in tiefster Zurückgezogenheit für mich entdeckt hatte, sich im täglichen Leben nicht bewähren oder sich gar verflüchtigen würde. Umso erstaunter war ich festzustellen, dass meine Antworten lebbar waren. Mehr noch, ich wurde mit jedem Tag zufriedener. Ich gewann mit jedem Tag an Zuversicht und Kraft.

Ich war voller Urvertrauen und Energie und brauchte nur noch vier Stunden Schlaf. Ich war hellwach, ging meinen Tätigkeiten nach und hatte eine unbeschreibliche Freude an allem, was ich tat.

Schon nach kurzer Zeit kamen wildfremde Menschen auf mich zu und sagten: »Sie haben etwas, das ich nicht habe. Aber genau das möchte ich auch haben, denn das macht Sie ganz offensichtlich glücklich.«

Ja, genau, das war ich. Glücklich. Ich war im Einklang mit mir selbst. Alles war fließend und leicht und heiter. Und dieses Glücksgefühl hielt an.

Und plötzlich begannen Menschen aus Hamburg, Frankfurt und Berlin zu mir nach München zu reisen, stellten Fragen, wollten wissen, suchten ebenfalls nach Antworten für ihr Leben. Und siehe da, mein Weg stellte sich auch für manch anderen als wundervolle Möglichkeit heraus, dem eigenen Glück nahezukommen. Voller Dankbarkeit erkannte ich in diesen Gesprächen eine neue, andere Sinnhaftigkeit in meinem Leben und räumte ihnen immer mehr Zeit ein.

So entwickelte sich der Weg, den ich vor siebzehn Jahren eingeschlagen habe, zu einem Leben in tiefster Glückseligkeit. Ich lebe meine Antworten, die sich so wahr und richtig anfühlen und die mich vor allem eins sein lassen: glücklich.

Im Einklang mit sich selbst zu stehen, im tiefen Urvertrauen, mit seiner eigenen Kraft verbunden zu sein, ist außergewöhnlich schön und aufregend.

Natürlich habe ich auch Momente der Ungeduld, bin wütend oder ungerecht. Ich bin kein besserer Mensch. Ich bin *einfach* nur glücklich.

Um Glück in unserem Leben zu erfahren, brauchen wir uns keine besonderen Fähigkeiten anzueignen und auch nicht endlos zu trainieren. Wir müssen auf nichts verzichten. Und wir müssen damit nicht warten.

Wir müssen auch kein besserer Mensch werden oder in

tiefer Selbstaufgabe leben. Glück ist nichts, was man sich verdienen muss. Nimm dir also nicht vor, ein Leistungsprogramm zu durchlaufen. Auf dem Weg zum Glück ist Leistung eher störend.

Natürlich weiß ich, dass man uns ein ganzes Leben lang etwas anderes beigebracht hat. Aus diesem Grund sind wir oft felsenfest davon überzeugt, ganz viel tun zu müssen, damit uns das Glück – was auch immer das ist – überhaupt zusteht.

Die Wahrheit, die ich erfahren durfte, ist eine ganz andere.

Alle Wege, von denen wir bisher gelernt haben,
dass sie uns glücklich machen sollen,
führten zu Verhaltensweisen,
die uns unglücklich gemacht haben.

Alles, was du in diesem Buch lesen wirst, beruht auf meiner persönlichen Erfahrung. Von nichts anderem kann ich dir erzählen. Dies ist mein ganz persönlicher Weg. Und dennoch kann er auch der Weg zu deinem ganz persönlichen Glück werden. Denn alle Wahrheiten sind auch in dir.

Es gibt keinen Grund, unglücklich zu sein.
Es sei denn, du entscheidest dich dafür.

Aber niemandem ist mit deinem Unglück gedient. Kein anderer hat davon einen Vorteil. Nicht einmal du selbst.

Wer einmal das tief befreiende Gefühl von Glück erfahren hat und darüber hinaus auch noch weiß, wie er diesen Zustand wieder erreichen kann, wird bestrebt sein, den anfänglichen Weg weiterzugehen. Das Beste aber ist:

Dauerhaftes Glück ist erlernbar.

Glück ist …
seinen Weg zu finden.

Der schnellste Weg zum Glück

Tu alles, was dich zu deinem Glück führt,
und unterlasse alles, was dich davon abbringt.

Nun gilt es nur noch herauszufinden,
welche Handlungen förderlich
und welche dem eigenen Glück abträglich sind.

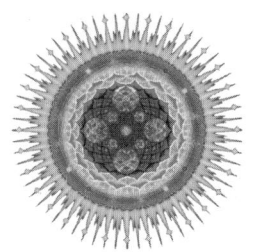

1
Glück ist ...
Bewusstsein

Eine kleine Geschichte vom Tee

Ein spiritueller Meister empfing eines Tages einen sehr gebildeten und erfolgreichen Mann, der tiefere Einsichten in das Mysterium des Lebens bekommen wollte.

Der Meister war sehr freundlich und bereitete ruhig und gelassen Tee zu. Mit fließender Leichtigkeit servierte der Meister den Tee und begann sein Wissen zu erläutern, aber der so hochgebildete und weit gereiste Mann aus dem Westen unterbrach ihn immer wieder, um seine Sicht der Dinge darzulegen.

Der Meister schien ungerührt von all den Einwänden und goss in friedlicher Stille die Tasse seines Gastes voll. Und goss immer weiter. Und weiter.

Der Professor aus dem Westen sah mit Erstaunen, wie der Tee über den Rand der Tasse trat, und als der Meister seelenruhig weiterhin nachschenkte, konnte der Mann nicht mehr an sich halten.

»Aber die Tasse ist schon übervoll! Es geht nichts mehr hinein!«

Der Meister lächelte sanft. Dann sagte er ruhig:

»Wie diese Tasse bist du voll mit deinen eigenen Meinungen und Urteilen. Wie kann ich dir überhaupt etwas zeigen, wenn du nicht zuerst deine Tasse leer machst?«

Östliche Weisheit – frei nacherzählt

Das meiste, woran wir glauben, wurde uns antrainiert

Ob der Glaube nun wahr oder falsch ist,
er wird immer zu den entsprechenden
Resultaten führen.
PARACELSUS

Von fast allem haben wir eine feste Vorstellung. Wir glauben zu wissen, wer wir sind und wie wir funktionieren. Wir glauben zu wissen, wie unsere Umwelt auf uns reagieren wird. Wir glauben zu wissen, wie unser Lebensweg auszusehen hat und welche Ziele uns glücklich machen werden. Wir glauben zu wissen, wie wir Erfolg haben können und wie wir uns verhalten sollten. Wir haben eine feste Vorstellung davon, wer unsere Feinde sind, und glauben, uns gegen Konkurrenten durchsetzen zu müssen. Wir glauben, dass es einen Gott gibt, oder sind davon überzeugt, dass es keinen geben kann. Wir glauben daran, dass wir glücklich sein können, oder aber sind davon überzeugt, dass es nicht klappen kann. Wir glauben, auf der Sonnenseite des Lebens zu stehen oder dauernd Pech zu haben.

Das Merkwürdige aber nun ist, dass fast alles,
woran wir glauben, gar nicht unser eigener Glaube sein muss.

In Wahrheit ist es oft der Glaube unserer Eltern, Groß-
eltern, unserer Geschwister, Onkel und Tanten, unserer
Lehrer, Freunde und Bekannten. Es ist der Glaube unseres
Pfarrers, des Kindergartens, der Schule, der Kirche, der
Universität, des Fernsehens, der Werbung, der Illustrier-
ten ... Es sind deren Meinungen, Vorurteile, Ratschläge,
Warnungen und Moralvorstellungen. Jeder, der in unserem
Leben in irgendeiner Art und Weise eine entscheidende
Rolle gespielt hat, hat an unserem Glauben Anteil.

Vor langer, langer Zeit, als wir auf die Welt kamen, und
natürlich noch lange bevor wir überhaupt zu denken begonnen haben, wurde uns bereits beigebracht, wer wir sind
und wie wir uns in dieser Welt zu verhalten haben.

Nur wenig von alledem, was wir heute sind,
haben wir uns selbst ausgesucht.

Nicht einmal unseren Namen. Bei keiner wirklich wichtigen Entscheidung, die unser Leben betrifft, haben wir
bewusst mitgewirkt. Wir haben uns weder unsere Religion
selbst ausgesucht noch unsere Schule, weder die Art, uns zu
kleiden, noch unser Umfeld, in dem wir uns bewegen. Wir
haben nicht darüber entschieden, welche Muttersprache
wir sprechen, noch welche Schulbildung wir bekommen
sollten. Uns wurde beigebracht, was falsch und was richtig
ist, was als schön und was als hässlich zu bewerten sei, was
gut und was schlecht sei und welche Moralvorstellungen wir
zu übernehmen hätten.

Tagtäglich wurde uns gezeigt, gesagt und vorgemacht,
wie wir zu leben hätten und welche Verhaltensweisen wir

an den Tag legen sollten. Uns wurde beigebracht, wie unsere Sexualität zu funktionieren hätte, auf welche Weise man »anständig« sein Geld verdient und welche Ziele für uns die richtigen wären.

Natürlich durften wir nur an das glauben, woran unsere Eltern und Verwandten glaubten. Alles andere wurde verurteilt. Und wir taten gut daran, es ebenso zu verurteilen, denn das sicherte unseren Platz in der Gemeinschaft. Unsere Eltern haben eine ganz eigene Überlebensstrategie entwickelt, und da diese offensichtlich erfolgreich war, begannen wir, sie zu übernehmen.

Wir lernten also bereits sehr früh, zu bewerten und zu verurteilen. Das, was wir heute verurteilen, basiert wahrscheinlich auf der Moral und den Wertvorstellungen unserer Eltern, Bekannten und Freunde. Es sind meist deren Glaubenssätze und Visionen, die wir noch heute nachzuleben versuchen.

Vom ersten Tag unseres Lebens an hat man Regeln für uns aufgestellt. Hielten wir die Regeln ein, wurden wir belohnt. Verstießen wir gegen die Regeln, wurden wir bestraft. Natürlich wollten wir belohnt werden und taten alles, um uns innerhalb dieser Regeln zu bewegen.

Und natürlich beurteilten wir alle anderen nach denselben Regeln und verurteilten sie ebenso, wenn sie gegen diese verstießen. Wir haben nichts von alldem in Frage gestellt. Wir haben es einfach als unsere eigene Wahrheit akzeptiert.

Wir bauten immer weiter an einem Weltbild,
das gar nicht unser eigenes war.

Wir verinnerlichten all das so sehr, dass wir immer mehr zu einer anderen Person wurden. Wir glichen uns dem an, was man von uns erwartete, und gaben vor, genau so ein Mensch zu sein. Als Preis dafür haben wir heute vergessen, wer wir eigentlich wirklich sind. Wir haben es so sehr in den Hintergrund unseres Lebens gedrängt, dass wir nicht einmal wissen, dass wir auch ein ganz anderes Leben hätten leben können.

Das klingt jetzt dramatischer, als es sich wahrscheinlich in den meisten Fällen abgespielt hat. Häufig ging es fließend leicht. Wir vertrauten unseren Eltern einfach. Sie waren unsere Vorbilder, und wir wollten so sein wie sie. Wir waren mit alldem also durchaus *einverstanden*. Unser *Verstand* übernahm das Vorgelebte als allein gültige Wahrheit. Als *unsere* allein gültige Wahrheit.

Waren wir »artig« und übernahmen die Wertvorstellungen der anderen, wurden wir »geliebt«. Versuchten wir dagegen, unseren eigenen Weg zu gehen oder herauszufinden, was denn überhaupt unser eigener Weg sein könnte, wurden wir mit Liebesentzug bestraft. Wir hatten also gar keine andere Wahl, als uns anzupassen. Mit der Zeit haben wir uns dann so sehr angepasst, dass alle eingeimpften Gedanken und Vorstellungen irgendwann zu unseren eigenen wurden.

Noch heute sind wir so vollgestopft
mit den Wertvorstellungen anderer,
dass wir gar nicht mehr wissen,
welche unsere eigenen gewesen wären.

Wir haben sie so sehr verinnerlicht, dass wir uns heute sogar selber bestrafen, wenn wir einen kleinen »Fehltritt« begehen oder versuchen, einen eigenen Weg zu finden.

Wir bestrafen uns dann genauso, wie es unsere Eltern mit uns gemacht haben. Wir verurteilen uns. Wir halten uns für schlecht, minderwertig, unanständig, ungezogen, minderwertig oder lächerlich.

Die Angst vor dem Glück

Es gibt in uns sogar eine tief sitzende Angst davor, Dinge zu tun, die nicht in das antrainierte Konzept unserer Eltern, Großeltern, Freunde oder Bekannten passen. Wir haben Angst, unbekanntes Terrain zu betreten. Wir bleiben lieber in dem Gefühlskonzept unserer Kindheit, als dass wir etwas Neues wagen. Selbst wenn wir ein tief sitzendes Gefühl der Unzufriedenheit in uns spüren, wagen wir es nicht, unser Leben neu zu definieren.

Die Angst, ausgestoßen zu werden, ist so groß, dass wir lieber weiterhin unsere wahre Natur verleugnen und den fremdbestimmten, von anderen vorgegebenen Weg weitergehen. Auch wenn es nicht unser eigener ist. Es gehört daher wahrlich viel Mut dazu, sich einem neuen, anderen Konzept anzuvertrauen, selbst wenn wir spüren, dass dort für uns die Wahrheit, die Liebe oder unser Glück liegen könnte.

In jedem von uns stecken Gedanken wie: »Erfolg muss man sich verdienen. Nur wer hart arbeitet, hat Erfolg. Ohne Fleiß kein Preis. Geld ist schmutzig. Männer sind gefährlich. Wahre Liebe gibt es nicht. Über Sex redet man nicht. Wer liebt, wird betrogen.« Sicherlich fallen dir noch unzählige andere Sätze ein, die dein Leben bestimmen.

Zu all diesen Glaubenssätzen kommen aber noch all jene, die wir über uns selber denken, wie: »Ich werde es nie richtig machen. Ich habe nie Geld. Ich bin ein Versager. Ich bin nicht schön genug. Das steht mir nicht zu. Ich kann sowieso nichts ausrichten. Ich glaube nicht, dass das noch etwas wird. Die anderen sind viel besser, klüger, schneller.«

Wenn man diese oder ähnliche Dinge denkt, sollte man sich einfach mal zu fragen beginnen, wer diese Sätze uns in unserem früheren Leben so lange vorgebetet hat, bis wir sie als unsere eigene Wahrheit übernommen haben.

Den wahren Urheber *unserer* Überzeugungen herauszufinden ist ziemlich wichtig, denn:

> *Alles, was jenseits unserer Glaubenssätze liegt,*
> *wird von uns unbewusst bekämpft.*

Wenn es tief in uns den Glauben gibt, dass die Erfüllung unserer Wünsche uns nicht zusteht, dann werden wir immer wieder enttäuscht werden. Sosehr wir auch etwas anderes erhoffen.

Wenn uns aber klar wird, dass einiges von dem, was wir da glauben, gar nicht zu uns gehört, dann können wir endlich anfangen, unser Leben selbst in die Hand zu nehmen. Dabei spielt es übrigens keine Rolle, wie alt wir sind oder wie lange wir bereits an etwas Bestimmtes glauben. Wir können jeden Tag mit unseren bisherigen Gedankenspielen aufhören und unser Leben völlig neu ausrichten.

Dazu ist es erst einmal sehr nützlich, diese alten Glaubenssätze aufzuschreiben. Denn jeder Gedanke ist reinste
Energie, die in die Tat umgesetzt werden will. Er sucht
sich auf seinem Weg eine gleichschwingende Energie, also
eine solche, die mit unseren Gedanken in Resonanz geht.
Durch die Kraft der Gedanken ziehen wir also all das, was
wir über uns denken, in unser Leben. Gleichgültig, ob wir
dies bewusst oder unbewusst tun.

In unserer Welt kann sich nur das verwirklichen,
woran wir glauben.

Der Zweifel ist übrigens auch nichts anderes als etwas,
woran wir glauben. Wir glauben so fest an unsere Zweifel,
dass wir uns nicht einmal wundern, wenn sie sich verwirklichen.

Denken wir zum Beispiel: »Das schaffe ich nicht. Das
kann ich nicht. Ich werde es nie zu etwas bringen. Ich werde nie glücklich sein«, dann wird genau dies unsere Wirklichkeit werden. Wir könnten genauso gut ein Schild mit
uns herumtragen, auf dem steht: »Bitte, behandelt mich
schlecht.« Sehr rasch werden Menschen in unser Leben
kommen, die uns genau in diesen Gedanken bestärken.

Im Außen tritt all das in Erscheinung,
was wir in unserem Inneren denken, fühlen und glauben.

Das, was wir gerne Schicksal nennen, entsteht zunächst in
unserem Inneren. In unseren gedanklichen Bildern und
Verhaltensmustern. Ohne es zu wissen, richten wir unser

Leben nach ihnen aus und suchen immer wieder Ereignisse, die diese inneren Bilder uns auch im Außen bestätigen. Beschäftigen wir uns mit negativen Dingen und verharren dort für eine geraume Weile oder kehren immer wieder zu diesen Emotionen zurück, nimmt unser Bewusstsein auch im Außen diese Schwingung auf und erlebt sie als Blockaden oder negative Ereignisse.

Denken wir im Gegensatz dazu positiv und empfinden diese Emotion tief in uns, erleben wir sie auch im Äußeren, als Hilfsbereitschaft und Freundlichkeit. Unsere Umwelt nimmt diese positive Schwingung auf und kreiert sie im Außen als Glück und Wohlstand.

Es ist immer nur eine Frage der Anziehungskräfte.
Und diese Anziehungskräfte können wir beeinflussen.

Aber wie können wir herausfinden, ob das, was wir denken, auch wirklich unsere eigenen Gedanken sind? Das geht nur, wenn wir alles Bisherige erst einmal für eine Weile ruhen lassen.

Was immer dir bisher beigebracht worden ist, solltest du also für eine Weile von dir wegschieben. Denn so manches, woran du heute glaubst, ist vielleicht gar nicht dein eigener Glaube.

Warum also nicht einmal unseren Glauben, der vielleicht gar nicht unser eigener ist, für kurze Zeit über Bord werfen? Warum nicht einmal herausfinden, was alles in unserem Leben möglich wäre, wenn wir die eingefahrenen Gleise verlassen und neue wundervolle Wege in unserem Leben beschreiten würden?

Es liegt immer nur an uns. Anstatt zu zweifeln oder zu bewerten, könnten wir genauso die Zweifel anzweifeln. Das ist vielleicht mutig. Das macht vielleicht auch etwas Angst. Aber nur so lange, bis die ersten Erfolge eintreffen.

Wir können alles in unserem Leben erreichen. Wir können Misserfolg und Chaos in unser Leben ziehen oder Erfolg und wundervolle Ordnung. Es liegt immer nur daran, was wir glauben.

Bist du dir also wirklich sicher, dass Glück dir so einfach zusteht?

- Unser Leben ist die Summe all unserer Vorstellungen, Meinungen und Glaubenssätze.
- Wir halten das für wahr, woran wir glauben.
- Unsere Überzeugungen verwirklichen sich in unserem Leben. Jahr für Jahr, Monat für Monat, Minute für Minute. Sogar Sekunde für Sekunde.
- Wir rufen das ins Leben, woran wir glauben. Die Frage ist nur, woran wir glauben.
- Ist unser Glaube konstruktiv für unser Leben oder destruktiv?
- Der eigene Glaube entscheidet über Erfolg und Niederlage, über Gesundheit und Freude, über Reichtum und Armut. Der Glaube entscheidet über unser Glück.
- Wenn wir glauben, Glück sei schwer zu erreichen oder nur kurz zu halten, wenn wir der Überzeugung sind, Glück sei nur durch gewaltige Anstrengungen zu bekommen, oder aber gar die Meinung vertreten, Glück stünde uns nicht zu, weil wir viel zu viele schlechte Din-

ge in unserem Leben getan haben, dann wird sich genau dies in unserem Leben verwirklichen.

· Wenn du mir nicht glaubst, sieh dir dein Leben an. Woran glaubst du, und was hat sich bisher in deinem Leben verwirklicht?

Glück ist ...
sein Leben selbstbestimmt
in die Hand zu nehmen.

Die Suche nach Glück

Die Suche nach Glück
ist oftmals nur eine Suche
nach Befriedigung von Forderungen,
um die Schmerzen des Getrenntseins nicht mehr zu spüren.

Meistens
sind wir nur von uns selber getrennt.

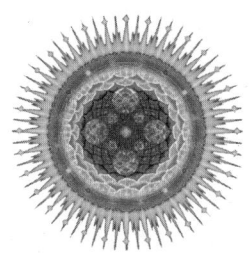

Was ist Glück?

Glück ist eng verbunden mit dem Gefühl der Liebe.
Und Liebe beginnt mit der Liebe zu sich selbst.

Für viele Menschen ist Glück etwas, das völlig unerwartet, aus heiterem Himmel eintrifft. Manchmal auch völlig unverdient. Glück wird also sehr oft mit dem Eintreffen eines wunderbaren Zufalls gleichgesetzt. Aus diesem Grunde warten viele Menschen oft ein Leben lang und hoffen, dass sie auch endlich einmal Glück in ihrem Leben haben, ohne auch nur im Entferntesten zu ahnen, dass dauerhaftes Glück auf diese Weise nicht in ihr Leben treten wird.

Wahres Glück kommt nicht von außen.

Wahres, dauerhaftes Glück ist kein gewaltiges Ereignis, das uns wie aus heiterem Himmel erfasst und uns endlich von unserer Unzufriedenheit befreit. Dauerhaftes Glück entsteht nicht aus einem einzigen intensiven Moment heraus. Wir benötigen auch keinen gewaltigen Rundumschlag, mit dem wir uns befreien. Wohin wir auch gehen, wir nehmen uns immer mit, und damit auch unsere Fähigkeit, Glück zu empfinden.

Gleichgültig, wie viel Geld wir verdienen, welche Erbschaft uns ereilt, welche unerwartete Villa wir plötzlich

bewohnen dürfen oder welche Reise wir antreten, das anfängliche Glücksgefühl verliert sich nach einer Weile wieder, und wir befinden uns gefühlsmäßig bald wieder dort,
wo wir vorher schon waren. Vielleicht in einer neuen Wohnung, mit einem neuen Partner oder wesentlich reicher,
aber erneut ohne das tief befriedigende Gefühl, glücklich
zu sein. Reichtum ist also kein Garant für Glück.

Um in den Genuss dauerhaften Glücks zu kommen,
bedarf es nicht eines großen, sondern vieler kleiner Schritte.

Deswegen ist es auch so einfach, sich ins Glück zu begeben.
Wir müssen nichts Außergewöhnliches, nichts unerreich-
bar Gewaltiges tun, sondern nur viele kleine *erreichbare*
Schritte. Das macht es so einfach. Gleichzeitig liegt darin
aber auch die größte Hürde. Denn wir glauben nicht, dass
es so einfach sein kann. Wir misstrauen diesem einfachen
Weg. Da das Erreichen von Glück in unseren Augen etwas
so Gewaltiges ist, kann es unserer Meinung nach auch nur
durch größte Kraftanstrengung zu erreichen sein.

Glück lässt sich aber nicht erkämpfen oder durch Leistung erzwingen. Darin besteht der große Irrtum. Wir
können uns noch so sehr aufopfern, es allen recht machen
wollen, richtig viel Geld verdienen oder Auszeichnungen
sammeln. Je mehr wir dem Glück nacheilen, desto weniger
werden wir es erfahren.

Aus diesem Grund erreichen die meisten von uns den Zustand tiefen Glücks nie. Denn es gibt immer noch etwas, das
wir vermeintlich tun müssen, bevor das Glück uns auch wirklich zusteht. Ganz egal, wie viel wir bereits geleistet haben.

Die Wahrheit aber ist, du musst gar nichts mehr leisten. Du musst auch nicht einen bestimmten Posten bekleiden oder eine bestimmte Summe Geldes haben. Du brauchst nicht den perfekten Partner an deiner Seite, und du musst auch nicht berühmt sein.

Denn solange du dein Glück im Außen suchst und hoffst, dass es sich dann auch in deinem Innern niederschlägt, wird es sich nicht einstellen. Denn so funktioniert Glück eben nicht. Glück entsteht in unseren Tiefen und entfaltet sich erst dann in unserer Außenwelt.

Erst wenn wir innerlich glücklich sind, beglückt uns alles andere im Außen, und nicht umgekehrt.

Da das wahre Glück von innen heraus entsteht, werden wir uns auf dem Weg zum Glück immer auch uns selbst annähern. Wir werden auf diesem Weg vielleicht schweres Gepäck ablegen müssen, alten Ballast, den wir noch immer mit uns herumschleppen. Wir werden dabei vielleicht auch unsere Brille absetzen müssen, die uns bisher unsere Wahrnehmung verdunkelte. Wir werden beginnen, uns selbst wieder wahrzunehmen und unsere wahren Bedürfnisse kennenzulernen. Vor allem aber werden wir lernen, uns wieder selbst zu lieben. Denn Glück ist eng verbunden mit dem Gefühl der Liebe. Und Liebe ist eng verbunden mit der Liebe zu uns selbst.

Wir werden auf unserem Weg stets sanft vorgehen, denn das Glück ist ein sanftes Geschenk. Wenn wir es festhalten wollen, verschwindet es sofort wieder. Glück lässt sich nicht festhalten. Es stellt sich auch nur dann ein und bleibt bei uns, wenn wir keine Bedingungen stellen. Ähnlich wie die Liebe besucht uns das Glück immer nur freiwillig und verliert an Kraft, wenn wir es binden wollen. Aber wir können das Glück einladen und die Voraussetzungen dafür schaffen, dass es sich bei uns wohlfühlt. Wir können uns für unser Glück also bereitmachen. Wir können uns öffnen und die Hand ausstrecken, ruhig und mit Bedacht, und dann … kann es sein, dass es sich bei uns niederlässt. Aber nur, wenn wir die innere Freiheit besitzen, es jederzeit auch wieder ziehen zu lassen.

Nur wenn wir bereit sind, den Moment des Glücks wieder gehen zu lassen – in der tiefen Gewissheit, dass ein anderer wundervoller Moment des Glücks in unser Leben treten wird, ein neuer, ebenso schöner –, ziehen wir das Glück regelrecht in unser Leben. Wir begrüßen dabei jede Veränderung, weil sie uns neues Glück bringt.

Das Leben ist voller Veränderungen. Wir können sowieso nichts festhalten – weder Gefühle noch Besitz, noch Menschen, noch die Zeit. Diese Erkenntnis ist nicht immer leicht. Auch ich musste erst lernen, dass das Glück nicht im Reichtum, nicht im Genuss und auch nicht im Erfolg zu suchen ist. Sondern im Loslassen.

Einer der Hauptschlüssel zu unserem Glück ist das Zulassen von Veränderung. Denn immer wird es ein anderes neues Ereignis sein, das uns dieses tiefe Gefühl schenkt.

Glück ist eine Ansammlung von vielen kleinen
Glücksmomenten, die unser Leben stetig begleiten
und zu einem großen Ganzen werden.

Manchmal klopft es uns ganz sanft auf die Schulter, und wir sind zu Tränen gerührt. Manchmal besucht es uns, wenn wir ganz ruhig sind. Manchmal ereilt es uns völlig überraschend. Und manchmal schleicht es sich fast unmerklich ein und berührt uns tief. Manchmal scheint es nur von unbedeutender Natur zu sein und unscheinbar. Immer aber ist es von erstaunlicher Tiefe. Ob es ein Wort ist, ein Satz, eine Geste, ein Lächeln, der Duft einer Blume, ein Kuss, oder Arm in Arm mit dem Menschen einzuschlafen, den man liebt. Auch das Beenden einer gelungenen Arbeit, der Blick auf ein stürmisches Meer oder ein Gespräch können dieses tiefe Gefühl der Berührtheit in uns auslösen.

Glück beginnt da, wo Nähe entsteht.
Meist ist es die Nähe zu sich selbst.

Sich dem Erleben vollständig hingeben. Aufgehen im Moment der Erfahrung, unvoreingenommen und frei von vorgefertigten Vorstellungen und Erwartungen. Wenn man nichts erwartet, gibt es auch keine Forderungen, die enttäuscht werden könnten.

Das Glück unterscheidet nicht. Im Erleben von außergewöhnlichen Momenten gibt es keine Grenze nach oben oder nach unten. Es gibt nicht einmal die Bewertung darüber, sondern nur das Spüren grenzenloser Verbundenheit. Es gibt nicht einmal mehr die Frage, ob man glücklich ist, denn diese Frage wirft einen wieder zurück in die Bewertung. Wenn man glücklich ist, stellt man keine Fragen mehr. Man ist einfach nur glücklich. Im Einklang mit sich selbst und allem anderen.

Jeder von uns hat seine eigenen Glücksmomente. Jeden Tag bieten sie sich uns an. Jeder Augenblick könnte so ein Glücksmoment sein. Manchmal berühren diese Augenblicke des Glücks uns fast, und dennoch rauschen sie oftmals unbemerkt an uns vorbei und verflüchtigen sich, ohne von uns jemals bewusst wahrgenommen worden zu sein.

Um Glücksmomente überhaupt wahrnehmen zu können, müssen wir unser Bewusstsein für sie schulen. Sind unsere Sinne erst einmal dafür erwacht, und haben wir uns von dem Ballast befreit, der uns bisher an der Wahrnehmung gehindert hat, uns sozusagen die Sicht auf sie verstellt hat, wird unser Leben endlich reich und kraftvoll. Und glücklich.

Wenn wir glücklich sind und dieses Glück ausstrahlen, spüren dies auch andere, und wir werden plötzlich ganz anders behandelt und wahrgenommen. Man ist gern in unserer Nähe. Nicht selten werden wir sogar beschenkt. Mit einem Lächeln, mit Liebe, Achtung und Anerkennung. Und plötzlich vermehrt sich unser Glück. Es potenziert sich. Mit einem Mal geschehen all die Wunder, die wir bisher nicht zugelassen haben. Das Leben wird zu einem einzigen Geschenk.

Und weil wir immer mehr in diese Glückseligkeit eintauchen, stehen wir auch immer mehr in einem wundervoll göttlichen Urvertrauen. Wir sind voller Liebe. Wir sind Liebe. Wir lieben die Menschen. Und uns selbst.

Glück ist ...
es einfach nur zuzulassen.

Die Illusion des Glücks

Das Vergnügen kann auf Illusion beruhen,
doch das Glück beruht allein auf Wahrheit.
NICOLAS CHAMFORT

Der antrainierte Irrtum

Die meisten von uns glauben, wir würden endlich dauerhaft glücklich sein, wenn wir es schaffen könnten, die wesentlichsten unserer Ansprüche befriedigt zu bekommen – zum Beispiel ein schönes Haus, eine gemütliche Wohnung, einen perfekten Partner, ein großes Auto, einen idealen Job und noch ein paar Statussymbole. Das ist jedoch eine Illusion.

Viele glauben auch, dass sie durch ein größeres Auto, den neuen Flachbildschirm, einen modischen Anzug oder das teuerste Parfum zu einer beliebten und begehrenswerten Person werden. Noch eine Illusion, welche die Werbung nur allzu gerne aufgreift, damit sie uns Dinge verkaufen kann, die wir eigentlich gar nicht benötigen.

Ich habe bis heute noch keinen einzigen Menschen kennengelernt, der durch ein neues Auto oder eine neue Digitalkamera lang anhaltendes Glück erfuhr. Diese Art der Befriedigung währt meist nur kurz. Was materielle Dinge uns geben können, ist kein Glücksgefühl, auch wenn man uns dies einreden will, sondern nur eine kurze Freude, die schon bald wieder abflauen wird. Die neue Anschaffung wird schnell wieder gewöhnlich, und wir tauchen erneut in den gleichen Gefühlszustand ein, in dem wir bereits vorher waren.

Mit der Befriedigung unserer Ansprüche schaffen wir also vielleicht kurze Highlights in unserem Leben, aber das Gefühl wahren, dauerhaften Glücks werden wir auf diese Weise nicht erleben.

Da es aber in allseitigem Interesse ist, unsere Kaufkraft weiter herauszufordern, werden ständig neue Pseudo-Bedürfnisse erfunden, damit wir immer weiter und weiter nach diesem »Glück« suchen. Also lassen wir uns nur zu gern von unserem antrainierten Verlangen verführen und hecheln stets neuen Dingen nach, immer in der Hoffnung, auf diese Weise endlich glücklich zu werden.

So befinden wir uns in einem ständigen Wechselbad der Gefühle. Wird ein Teil unserer Bedürfnisse von unserer Umwelt befriedigt, reagieren wir mit Freude und Wohlwollen. Wird ein Teil unserer Ansprüche nicht erfüllt, werden wir wütend, ärgerlich, aufbrausend oder traurig.

Das Erstaunliche dabei ist, dass wir selber nicht in der Lage sind, diese Gefühle zu beeinflussen. Wir reagieren fast automatisch und oft auch völlig unbewusst auf Zuwendung oder Abweisung.

Wir geben anderen die Macht über unsere Gefühle.

Jeder in unserem Umfeld kann nach Belieben alle möglichen Gefühle in uns auslösen. Ohne dass wir es verhindern oder beeinflussen können, reagieren wir wie auf Knopf-druck. Wir regen uns furchtbar auf, wenn uns jemand kritisiert oder Dinge sagt, die uns nicht gefallen, und sind entzückt, wenn uns jemand lobt oder uns zeigt, wie gern er uns hat. Die anderen bestimmen also, welche Reaktionen wir zeigen. Kummer, Angst, Zorn, Wut, Gereiztheit, Trauer, Enttäuschung, Freude oder pures Vergnügen.

Warum das so ist? Wenn wir der Frage nachgehen, wieso unsere Gefühle von anderen so leicht beeinflussbar sind und von uns selbst so wenig, entdecken wir etwas Interessantes.

Hinter all unseren angeblichen Bedürfnissen und Sehn-süchten steht letztendlich immer nur ein einziger Wunsch. Der Wunsch nach Liebe. Wir wollen geliebt werden. Um nichts anderes geht es. Alles, was wir erreichen wollen, alles, was wir begehren, lässt sich stets auf diesen einen Wunsch zurückführen.

Um dies genauer zu verstehen, müssen wir noch einen kleinen Ausflug in unsere Kindheit machen. Schon sehr früh haben wir lernen müssen, dass wir so, wie wir sind, nicht geliebt werden. Wenn wir nicht das taten, was unsere Eltern von uns erwarteten, wurde uns die Liebe einfach entzogen. Verhielten wir uns dagegen so, wie es unseren Eltern gefiel, bekamen wir Lob und Anerkennung, wur-den gestreichelt und geküsst und bekamen alles, was uns glücklich sein ließ.

Wir haben also ziemlich früh erfahren, dass wir uns unsere Liebe verdienen müssen. Um Liebe zu bekommen, mussten wir uns verbiegen und Dinge tun, die uns eigent-lich keinen wirklichen Spaß machten. Je besser uns dies gelang, desto größer war die Anerkennung und die Liebe, die uns zuteilwurde.

Daraus haben wir den Schluss gezogen, dass auch alle anderen ihre Liebe erst verdienen müssen. Auch unser Vater und unsere Mutter mussten sich ihre Liebe erst einmal verdienen. Jedem auf dieser Welt ergeht es so. Erst wenn wir ganz viel getan hatten, wenn wir Großes geleistet oder unsere eigene Natur verleugnet hatten, bekamen wir Liebe und Anerkennung. Dann waren wir glücklich. Glück und Liebe standen von Anfang an eng miteinander in Verbindung.

Tief in unserem emotionalen Gedächtnis hat sich also folgendes Programm eingegraben: So, wie wir sind, sind wir nicht liebenswert. Wir müssen uns verstellen, um geliebt zu werden. Liebe ist kein natürliches Gut, dass uns einfach so zusteht. Wir müssen uns auf bestimmte Weise verhalten, um Liebe zu bekommen.

Mit dieser inneren Programmierung haben wir uns ziemlich rasch abgefunden, schließlich kannten wir nichts anderes. Und so begannen wir zunächst einmal, uns selbst abzulehnen. Man hat uns ja vermittelt, wir seien nicht richtig. Etwas stimmte nicht mit uns. Wir waren nicht so, wie wir sein sollten. Wir waren nicht vollkommen. Wir waren einfach nicht gut genug. Schlimmer noch: Wir würden wahrscheinlich nie gut genug sein. Dies ist natürlich eine ziemlich erschreckende Perspektive. Wie soll sich darauf eine ruhige und sichere Zukunft aufbauen lassen?

Zu diesem Schock gesellte sich noch eine weitere gewaltige Sorge hinzu: »Hoffentlich merkt niemand, dass ich eigentlich gar nicht liebenswert bin. Hoffentlich erkennt niemand, dass ich eigentlich nicht gut genug bin.«

Um dies zu verhindern, versuchten wir, unseren wahren Charakter noch besser zu tarnen, und gaben uns immer mehr für eine ganz andere Person aus. Für eine liebenswerte Person – oder vielmehr das, was wir für liebenswert hielten. Wir taten alles, damit wenigstens die Person, die wir vorgaben zu sein, geliebt wurde. Auf diese Weise wurden natürlich nie wir selbst geliebt, sondern immer nur die Person, die wir eigens dafür geschaffen hatten.

Da wir uns auf diese Weise selbst zu unserem größten Kritiker entwickelten und uns von Tag zu Tag immer mehr ablehnten, versuchten wir, dies wenigstens durch Leistung zu kompensieren. Wir wollten Anerkennung und Zuneigung und Bewunderung. Zunächst von unseren Eltern, später von unseren Partnern, Kollegen und Freunden.

Wir wollten aber nicht nur allen *anderen* etwas beweisen, wir wollten vor allem auch *uns selbst* etwas beweisen, denn es gab einen Hoffnungsschimmer. Wenn wir nur genug tun würden, dann könnten wir unter Umständen doch irgendwie liebenswert werden.

Es gab also doch noch eine Möglichkeit, sich zu einem liebenswerten Menschen zu entwickeln. Durch außergewöhnliche Leistungen würde es vielleicht ein Entrinnen geben.

Irgendwann einmal entdeckten wir noch einen anderen Ausweg. Das war der Moment, als wir etwas besaßen, das alle anderen auch begehrten. Da wurde uns plötzlich auch so etwas wie Zuneigung zuteil. Wenn wir etwas Teureres, Größeres oder Schöneres besitzen würden, dann wäre uns

Anerkennung sicher. Diese Erfahrung hat sich ebenfalls tief in uns eingegraben.

Mit diesem Programm sind wir bis heute ausgestattet. Dieses Programm ist darauf ausgerichtet, Glück, Liebe und Anerkennung zu erfahren. Dafür sind wir bereit, alles zu tun. Entweder durch außergewöhnliche Leistungen oder durch Besitz von Dingen, die uns glücklich machen können. Am besten ist es, wenn andere diese Dinge auch begehren, dann erfahren wir zusätzlich zu unserem Glück auch noch Bewunderung.

Das Suchtverhalten

Um dieses Ziel zu erreichen, ist uns oftmals kein Preis zu hoch. Nicht selten arbeiten wir sogar bis zum Umfallen dafür und laufen allen möglichen Dingen hinterher, von denen wir glauben, dass sie uns die Liebe und Anerkennung anderer Menschen einbringen könnten.

Solange wir dieses Etwas nicht in unseren Besitz gebracht haben, sind wir nicht glücklich. Und dieses Glück hält auch nur so lange an, bis alle anderen ebenfalls im Besitz des gleichen Gegenstandes sind.

Und so befinden wir uns in einem ständigen Auf und Ab. Sobald jemand anderes ebenfalls etwas aufregend Neues besitzt, stehen wir wieder im Aus. Spätestens dann brauchen wir dringend etwas Neues, das uns wieder aus der Masse hervorheben könnte. Und plötzlich befinden wir uns in einem Wetteifern mit vielen anderen Menschen. Wir versuchen, uns noch mehr hervorzuheben oder noch besser zu sein. Wir sehen in den anderen nur noch Konkurrenten, die uns den Platz streitig machen könnten.

Unser Leben wird bestimmt von Sorge und Argwohn, man könne uns den erkämpften Platz wieder wegnehmen. Wir reagieren ängstlich und misstrauisch auf jeden, der scheinbar besser oder begehrenswerter ist als wir. Wir freuen uns nicht mit anderen, wir reagieren neidisch und eifersüchtig, weil wir fürchten, nicht mehr genügend wahrgenommen zu werden. Wir versuchen, andere am Erreichen ihrer Wünsche zu hindern, werden ungerecht, wenn wir glauben, dass wir weniger bekommen als andere. Wir werden sarkastisch und zynisch oder aber hoffnungslos, wenn unser Ziel in weite Ferne rückt, und wütend, wenn ein anderer vor uns das Ziel erreicht. Wir werten andere ab, wenn diese mit Leichtigkeit das erreichen, was wir selbst gerne haben wollen. Verfeinden uns mit denen, die wir eigentlich lieben, von denen wir aber nicht das bekommen, was wir uns von ihnen erwarten.

Wir sind nicht mehr in Harmonie mit den Dingen und Menschen um uns herum. Wir fühlen uns bedroht. Wir haben Angst, unsere Macht und unser Prestige zu verlieren. Umso intensiver werden wir versuchen, unsere Umwelt zu manipulieren. Wir bauen unsere Macht aus, und unsere Forderungen nehmen zu. Wir müssen also immer noch mehr kämpfen. Unser Verstand befindet sich schließlich in einem Wettrüsten nach Anerkennung und Liebe.

Und so konsumieren wir, nicht etwa weil wir uns dabei wohler, zufriedener, harmonischer oder ausgeglichener fühlen, sondern weil wir durch die Bewunderung anderer so etwas wie Liebe zu bekommen glauben. Und wenn wir geliebt werden, sind wir unserem eigenen Glück doch schon sehr nahe.

Also verschulden wir uns für Dinge, die wir eigentlich gar nicht bezahlen können und in Wahrheit auch gar nicht benötigen, und merken gar nicht, dass wir uns immer schneller in einen Kreislauf hineinbewegen, der uns vom eigenen Glück trennt, statt uns ihm näherzubringen.

Wir rauschen von Höhepunkt zu Höhepunkt, damit wir die innere Unzufriedenheit und innere Leere, die durch das Verfolgen der oberflächlichen Ziele immer mehr zunimmt, nicht wahrnehmen müssen. Schlimmer noch, wir werden süchtig nach Besitz, Anerkennung und Macht.

Anstatt glücklich zu sein, benötigen wir immer mehr,
ohne dem Ziel des wahren Glücks
jemals wirklich näherzukommen.

Stattdessen sind wir bereit, für unsere Sucht noch mehr zu arbeiten. Wir geben unsere Freizeit auf, unsere Freunde und vernachlässigen unsere Familie. Die eigenen Kinder werden oft mit Geschenken zugeschüttet, weil wir es nicht mehr schaffen, genug Zeit mit ihnen zu verbringen, und glauben, dass Materie sie glücklich machen würde.

Wir suchen fast *suchtartig* nach Anerkennung und Zuneigung. Unser Denken wird fast ausschließlich von diesem Suchtverhalten beherrscht. Allein aus diesem Grund kämpfen wir gegen unsere bestehende Lebenssituation, wir strampeln, weinen, schreien, toben und versuchen, unsere Umwelt nach unseren Forderungen und Erwartungen zurechtzubiegen. Wir versuchen, unseren Partner zu manipulieren, damit er uns diesen Zuspruch gewährt, wir versuchen, unsere Kollegen und Mitmenschen zu beeinflussen, damit sie uns die ersehnte Anerkennung schenken.

In dieser leistungsorientierten Welt gelingt es uns immer weniger, zu entspannen und uns dem Nichtstun hinzugeben, und wir unterwerfen uns stattdessen einer nie endenden Betriebsamkeit. Wir scheinen ohne Leistung gar nicht mehr leben zu können. Sobald wir einen Moment nichts tun, kommen wir uns wertlos vor. In Wahrheit haben wir durch unser suchtartiges Verhalten längst jegliche Orientierung verloren.

Gehetzt von der eigenen Triebhaftigkeit,
werden wir von Tag zu Tag unzufriedener.

In unseren Kellern und Kammern sammeln sich immer mehr nutzlose, abgelegte Waren an. Denn wir benötigen bereits Neues, bevor wir das Alte überhaupt ausgiebig genossen haben.

Wir fühlen uns gehetzt, müde, überfordert und abgespannt. Selbst in unserer Freizeit stehen wir unter Druck und Stress.

In Wahrheit entfernen wir uns
bei dieser zwanghaften Suche immer mehr vom Glück.

Warum wollen wir dann noch immer mehr? Selbst wenn wir unsere Ziele endlich erreicht haben?

Ganz einfach: Suchtartiges Verhalten löst sich nicht einfach in Luft auf, wenn wir unsere ersten Ziele erreicht haben. Suchtartiges Verhalten sucht nach neuen Zielen. Wenn sich das eigentliche Glück, das wir uns erhofft hatten, nicht einstellt, sammeln wir noch mehr Geld, noch mehr Macht, noch mehr Prestige. Wir alle kennen Politiker, die selbst im hohen Rentenalter nicht auf ihre Ämter verzichten können. Manager, die trotz ihrer vielen Millionen noch immer glauben, zu wenig Geld zu verdienen. Makler, Spekulanten, deren Gewinn und Freude darin besteht, andere zu übervorteilen.

Suchtartiges Verhalten lässt uns niemals genug haben.

Immer wenn wir glauben, dass wir dringend etwas benötigen, unterliegen wir dieser Sucht. In Wahrheit brauchen wir unglaublich wenig, um glücklich und zufrieden leben zu können. Was benötigen wir schon wirklich?

Neunzig Prozent der Menschheit wäre glücklich, wenn sie das in ihrem Leben erreicht hätte, was wir bereits besitzen oder geschaffen haben. Wir nicht. Kein Wunder. Wir verhalten uns ja auch wie Suchtkranke. Und wie allen Suchtkranken kommt auch uns mit der Zeit jeglicher Realitätssinn abhanden. Wie jeder andere Suchtkranke auch verlieren wir immer mehr den Kontakt zu unserer Familie. Und so gibt es immer mehr Singles, allein und anonym in der Großstadt, abgeschnitten und weit entfernt von ihren Familien, auf der Suche nach Glück.

Selbst eine Partnerschaft unterliegt heute ganz bestimmten Leistungskriterien. Dass wir die meisten davon selbst nicht erfüllen können, spielt für uns dabei keine Rolle. Oft genug verlässt man sogar lang gewachsene Beziehungen und wendet sich einem jüngeren, attraktiveren Partner zu, weil er einem nicht nur die Wiederkehr der Jugend verspricht, sondern auch das Ansehen und die Bewunderung seiner Mitmenschen.

Und weil uns all das nicht wirklich glücklich macht, nimmt die Sehnsucht nach Glück immer weiter zu. Und schon unternehmen wir noch mehr, um endlich dieses in weiter Ferne liegende Ziel zu erreichen. Allerdings setzen wir noch immer die vollkommen falschen Mittel ein.

Was du nun ändern sollst? Zunächst genügt es vollkommen zu erkennen, dass du dich in Wahrheit wie ein Suchtkranker verhältst.

Wenn du möchtest, kannst du auch, jedes Mal wenn du wieder wütend oder ärgerlich wirst, enttäuscht oder traurig, aufbrausend oder kämpferisch bist, einmal überprüfen, wie dieses Gefühl entstanden ist. Was war der eigentliche Auslöser dafür?

Zunächst wirst du den Fehler bei den anderen suchen. Aber wenn du genauer hinsiehst, wirst du erkennen, dass hinter diesem Gefühl stets eine Forderung von dir steckt, die ein anderer erfüllen soll.

Wenn du also wieder einmal glaubst, etwas unbedingt bekommen zu wollen – Sex, Geld, Zuneigung, Anerkennung, Macht – oder irgendeinen schönen begehrenswerten Gegenstand, der für *Glück* steht –, erkenne einfach, dass du gerade wieder von einem alten Programm gesteuert wirst.

Tatsache ist jedenfalls, dass, wenn wir mit dem kleinen Bildschirm, mit der kleinen Kamera nicht zufrieden und glücklich sind, wir es mit dem technisch wesentlich besseren und neueren Teil auch nicht sein werden.

Vollständiges Glück werden wir niemals
durch äußere Einflüsse und Reize erlangen.

- Alles, wovon wir gelernt haben, dass es uns angeblich glücklich machen würde, hat in Wahrheit nur dazu beigetragen, Handlungsweisen zu entwickeln, die uns immer tiefer in die Unzufriedenheit geführt haben.
- Uns wurde beigebracht, dass wir materielle Dinge benötigen, um glücklich zu sein.
- Uns wurde beigebracht, dass wir erst gewisse Ziele erreicht haben müssen, um glücklich zu sein.
- Wenn wir nach dem wahren Glück suchen, nach dem Gefühl tiefer Zufriedenheit, gilt es, uns als Erstes bewusst zu machen, dass wir uns tagtäglich wie Suchtkranke aufführen. Dass wir Zwängen unterliegen, die einem Wettrüsten um Wohlstand, Anerkennung und Bewunderung gleichkommen.
- Beobachte, wie es dir geht, wenn du etwas haben willst. Beobachte, wie du von deiner Zufriedenheit in die Unzufriedenheit wanderst. Wie du plötzlich von der bisherigen Fülle in den scheinbaren Mangel wechselst und tatsächlich glaubst, dass du das Gefühl inneren Reichtums erst dann erreichen kannst, wenn du den Gegenstand, ohne den du bis vor wenigen Momenten noch durchaus glücklich warst, unbedingt brauchst, um das Glück, das du gerade eben verloren hast, wiederzugewinnen.
- Vielleicht hast du gar nichts verloren, sondern man macht dir nur weis, du hättest etwas verloren.

· Wir alle sind auf der Suche nach etwas. Das, was wir suchen, hat meist etwas mit Liebe zu tun. Viele nennen es auch Glück.

· Je angestrengter wir dem Glück nachjagen, desto unzufriedener werden wir.

Glück ist ...
frei zu sein von Anhaftungen.

Glück ist erlernbar

*Das Glück deines Lebens
hängt von der Beschaffenheit deiner Gedanken ab.*
MARCUS AURELIUS

Bisher nahm man an, dass unser Gehirn statisch und unveränderbar sei. Man glaubte, dass die Vernetzungen in unserem Gehirn uns nur wenig Spielraum ließen, anders zu reagieren, als es in unseren Gehirnzellen eingespeichert ist.

Man ging davon aus, dass dort all unsere gemachten Gedanken und Erfahrungen, alle Enttäuschungen und Verletzungen einprogrammiert seien, für immer dort verbleiben würden und unsere künftige Denkweise und unser Verhalten für alle weitere Zukunft beeinflussen würden.

Nun hat sich aber etwas ganz anderes herausgestellt:

Unser Gehirn ist nicht statisch – es ist formbar.

Die Neurowissenschaftler Dr. Avi Karni und Leslie Underleider vom National Institute of Mental Health haben nachgewiesen, dass unser Gehirn anpassungsfähig ist. Es ist formbar. Unser Gehirn verändert sich, je nachdem, welchen Gedanken wir nachgehen und welche Erfahrungen wir machen.

Es verändert sich nicht nur theoretisch.

Unser Gehirn verändert sich physisch!

In langen Versuchsreihen konnten die beiden Wissenschaftler nachweisen, dass unser Gehirn die Fähigkeit besitzt, seine Vernetzungen vollständig zu ändern und neue, andere Verknüpfungen von Neuronen auszubilden, wenn wir für eine gewisse Zeit neue, andere Dinge denken oder uns mit neuen, anderen Dingen beschäftigen.

Auch seine Heiligkeit der Dalai Lama und Howard Cutler beziehen sich auf diese Entdeckung in ihrem Buch »Die Regeln des Glücks«.

Denken wir oft und lange an bestimmte Dinge oder führen wir für einige Zeit eine gewisse Tätigkeit aus, vergrößert sich der zuständige Abschnitt im Gehirn sogar, während andere Bereiche, die wir nicht benutzen – also brachliegen lassen –, sich verkleinern. Die jeweiligen Neuronen verändern dann ihre Funktionen, damit andere – eben neue – elektrische Signale wesentlich schneller und leichter weitertransportiert werden können.

Diese Fähigkeit des Gehirns, sich vollständig zu verändern, nennen die Wissenschaftler Plastizität: Unser Gehirn reagiert auf unsere Gedanken und bildet dementsprechend seine Gehirnzellen aus. Das bedeutet, unsere Erfahrungen können in Zukunft völlig anders verlaufen, wenn wir für eine gewisse Zeit durch neue Denkweisen bisher brachliegende Abschnitte unseres Gehirns trainieren.

Wenn wir uns intensiv und anhaltend mit etwas
Neuem beschäftigen, dann vernetzt sich unser Gehirn neu.

Wir können also unseren Geist in jede Richtung schulen, die wir wollen. Warum nicht in Richtung unseres eigenen Glücks?

Wir können zum Beispiel durch neue – positive – Denkweisen neue Nervenzellen aktivieren. Wenn wir darüber hinaus noch für einige Zeit all den negativen Gedanken weniger Beachtung schenken, dann kann sich unser Gehirn völlig umwandeln. Die Funktionen der Neuronen können sich verändern, andere Verknüpfungen können entstehen, und plötzlich wird es uns völlig fremd vorkommen, dass wir früher tatsächlich einmal unglücklich gewesen sein sollen.

Glück ist erlernbar. Jetzt ist dies auch wissenschaftlich belegt und bedeutet einen ganz wesentlichen Baustein auf unserem Weg ins Glück. Denn dieses Kapitel hat vor allem einen Sinn: Es soll unseren Verstand überzeugen. Den müssen wir nämlich auf unsere Seite bringen, damit er uns nicht ständig dazwischenfunkt.

Wenn du jetzt im Moment nicht glücklich bist, lade doch deinen Verstand einfach einmal ein, etwas Neues kennenzulernen.

Wäre es nicht wundervoll, all die vergangenen Verletzungen nicht länger mit sich herumzuschleppen und stattdessen all das zu tun, was uns einfach wieder glücklich sein lässt? Unser Gehirn ist bereit dazu. Die Frage ist nur, bist du es auch?

**Glück ist …
erlernbar.**

Finde zurück zu deiner eigenen Wahrheit

Irgendwann, vor langer Zeit, wussten wir genau,
wie wir behandelt werden wollten.
Wir wussten auch sehr genau,
wie wir die anderen behandeln wollten.

Wir waren einfach noch
sehr nah an unserer eigenen Wirklichkeit.
Wir waren voller Ideale und Zuversicht.
Wir glaubten an unsere Zukunft, und wir glaubten an uns.
Wir glaubten unseren eigenen Worten.
Und wir handelten nach unseren Worten.

Wir können wieder zu diesem Menschen werden.
Finde zurück zu deiner eigenen Wahrheit.

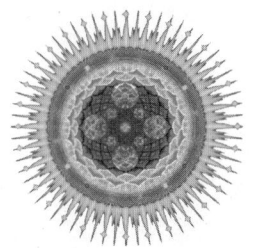

Wenn sich die Türen zu deinem Glück schließen,
geht stets eine neue auf.

Aber wir blicken oftmals
so lange auf die geschlossenen Tore,
dass wir die Pforte, die sich für uns neu geöffnet hat,
nicht sehen wollen.

Bis sich auch diese wieder schließt.

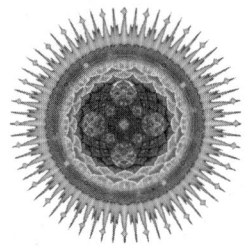

2
Glück ist ...
Veränderung

Begrüße jede Veränderung
in deinem Leben

*Es gibt nur eine Zeit,
in der es wesentlich ist, aufzuwachen.
Diese Zeit ist jetzt.*
BUDDHA

Wenn wir unser bisheriges Leben in Ruhe betrachten, dann werden wir vielleicht erstaunt feststellen, dass es meistens Veränderungen waren, die uns Glück gebracht und uns mit Stolz und Freude erfüllt haben. Oft haben wir diesen Veränderungen sogar mit großer Vorfreude entgegengefiebert und konnten es gar nicht erwarten, bis sie endlich eintrafen. Viele dieser Veränderungen haben wir sogar noch heute als kleine Höhepunkte in unserem Gedächtnis gespeichert.

Ein solcher Höhepunkt mag der erste Besuch im Kindergarten gewesen sein, der erste Schultag mit unserer viel zu großen Schultüte, das aufgeregte Händchenhalten mit unserem ersten Freund oder unserer ersten Freundin, der erste Kuss, der erste neue Wagen, die erste eigene Wohnung, der Beginn der Studienzeit, die neue Lehrstelle, das stolze Gefühl, als wir zum ersten Mal unser eigenes Geld verdienten, die erste Ehe, das erste Kind ... Immer gab es also dieses erste Mal, das stets eine Veränderung in unserem Leben einläutete.

> *Stets waren es Veränderungen,*
> *die uns ein Gefühl von Glück bescherten.*

Veränderungen haben wir also immer als Bereicherung in unserem Leben angesehen, als etwas, das wir gar nicht schnell genug erreichen konnten. Das Neue, Unbekannte war spannend und wert, die Herausforderung anzunehmen.

Seltsamerweise verliert sich dieses Gefühl im Laufe der Zeit, und Veränderung wird immer mehr als etwas Negatives betrachtet. Genau genommen fürchten sich viele Menschen vor Veränderungen. Lieber leben sie in der Gleichförmigkeit eines eingespielten Alltags, als sich neuen Herausforderungen zu stellen. Aber genau dadurch verlieren wir auch unsere Lebendigkeit. Und damit auch unsere Glücksfähigkeit.

> *Erst eine Veränderung lässt uns wieder aufhorchen*
> *und bewusst am Leben teilnehmen.*

Jeder, der schon einmal umgezogen ist, weiß, wie bewusst er plötzlich sein gesamtes Umfeld wieder wahrgenommen hat und mit wie viel Freude er den Bäcker an der Ecke entdeckte, das neue Geschäft, die Post, die Abfahrtszeiten der Straßenbahn. Mit welcher Begeisterung er all seine kleinen Entdeckungen seinen Freunden berichtete und wie offen er für neue Bekanntschaften und Freunde war. Allein

ein Umzug, gleichgültig ob innerhalb der gleichen Stadt oder in einen ganz anderen Ort, weckte in uns Euphorie.

Selbst wenn der Umzug unfreiwillig und durch unglückliche Umstände bedingt war, erkennen wir nach kurzer Zeit plötzlich Dinge, die uns große Freude bereiten.

Nicht immer muss diese Veränderung ein Umzug sein. Manche Menschen werden wieder lebendig, wenn sie ihre Wohnung komplett umstellen, Räume neu und anders benutzen und auf diese Weise neu für sich entdecken.

Oftmals bringt uns auch eine neue Arbeitsstelle so ein Glücksgefühl.

Am Leben teilzunehmen heißt, neugierig zu bleiben.

Festhalten und Verharren im Althergebrachten, im Alltäglichen, lässt uns in dieser Alltäglichkeit gelangweilt zurück. Es gibt einfach nichts Neues mehr zu entdecken. Nichts mehr, wovon wir glauben, dass es uns Freude spenden könnte.

Und so sitzen viele Menschen jeden Abend auf demselben Sofa vor demselben Fernseher, mit derselben Fernbedienung, weil es in ihrem näheren Umfeld eben nichts anderes, Neues mehr zu entdecken gilt.

Viele Partnerschaften vereinsamen in der Trostlosigkeit der Alltäglichkeit, weil es beiden nicht gelingt, Veränderungen in ihrem gemeinsamen Leben zuzulassen. Oftmals sucht man dann Veränderung, indem man sich neue Dinge anschafft. Einen neuen Fernseher, eine neue Fernbedienung, ein neues Sofa. Aber das bringt keine wirkliche Veränderung in unser Leben.

Das Zulassen von neuen Erlebnissen
lässt uns wieder am Glück teilhaben.

Entscheide dich einfach dafür, *jetzt* etwas anders zu machen als bisher. Werde wieder wach!

Da draußen warten unendlich viele Möglichkeiten der Entwicklung auf dich. Beginne mit etwas, das dir schon immer am Herzen lag. Gestehe es dir ein, und dann lass es nicht mehr los, bis du es verwirklicht hast. Das, was dich bisher von anderen Menschen unterschieden hat, war, dass die anderen einfach weitergemacht haben, während du aufgegeben hast. Lass Veränderung zu – das ist das einzig Beständige am Leben.

Veränderung ist nichts Nachteiliges, sondern etwas, das wir ganz bewusst in unserem Leben suchen und herbeiführen sollten.

Oftmals verhindern wir durch das Festhalten an unseren Gewohnheiten das Eintreten von Glück. Wir verharren und versauern, anstatt lebendig voranzuschreiten, so wie wir es doch schließlich zu Beginn unseres Lebens getan haben.

Manchmal müssen wir gar nicht viel verändern,
um unser Leben komplett neu zu erfahren.

Natürlich ist das nicht immer leicht, weil wir jahrzehntelang unserem Verstand beigebracht haben, dass Veränderung etwas Feindseliges sei.

Also brauchen wir Vertrauen und Sicherheit. Am besten gewinnen wir diese, indem wir uns nicht überfordern, sondern zunächst mit ganz kleinen Veränderungen beginnen, damit wir Tag für Tag, Woche für Woche erkennen können, wie wundervoll Veränderungen für unser Leben sind.

Vielleicht macht es schon Spaß, einen anderen Weg zur Arbeit zu fahren, einen neuen Supermarkt auszuwählen oder eine Reise in ein Land zu unternehmen, in dem man noch nie war. Das Leben bietet dir eine Fülle an Möglichkeiten. Schließe dich von dieser Fülle nicht aus.

Vielleicht stehst du einmal früher auf als sonst und planst etwas mehr Zeit für deine Fahrt zu deiner Arbeitsstelle ein. Und dann nimm auf deinem Weg dorthin nur Straßen, die du zuvor noch nie gefahren bist. Fahre ganz bewusst und betrachte die Gegend. Vielleicht entdeckst du viele neue Angebote für dein Leben. Vielleicht entdeckst du neue Geschäfte, einen kleinen Park, einen Blumenhändler, eine interessante Ausstellung, ein kleines Programmkino, einen Wanderzirkus, ein Restaurant. Obwohl du noch immer in der gleichen Stadt bist, erlebst du vollkommen neue Dinge.

Genauso könnte unser ganzes Leben verlaufen. Ein Wunderwerk an neuen Erlebnissen. Wenn wir wach und lebendig bleiben wollen, gilt es, sich stets für neue Möglichkeiten zu öffnen und die eingefahrenen Wege zu verlassen.

Wenn du genügend Erfahrungen mit all den kleinen Veränderungen in deinem Leben gemacht hast, schöpfst du auch Mut, die größeren Veränderungen in deinem Leben zuzulassen. So, wie du es früher doch auch getan hast.

Überlege, welche Veränderungen in deinem Leben
dir wieder Freude bereiten könnten.

Welche Ziele in deinem Leben gibt es noch zu verwirklichen? Was möchtest du gerne erleben, was du noch nie erlebt hast? Was wolltest du schon immer tun, aber hattest nicht die Zeit oder die Gelegenheit? Was könntest du gemeinsam mit deinem Partner an Veränderung erleben? Wo steckt deine größte Sehnsucht? Was wäre dir peinlich, wenn andere davon wüssten, und trotzdem sehnst du dich danach?

Gehe all diesen Punkten nach. Beschäftige dich mit ihnen. Das Leben ist voller Herausforderungen, die uns tiefe Freude schenken würden. Jede dieser Herausforderungen verändert unser Leben und bringt uns zurück zu unserer ursprünglichen Zufriedenheit. Wir nehmen wieder am Leben teil.

So wie früher, als du mit deiner viel zu großen Schultüte auf dem Weg zu deinem ersten Schultag warst.

Glück ist ...
Veränderungen immer wieder neu in
sein Leben einzuladen.

Jedes Scheitern
ist eine Chance, dem Glück
wieder nahezukommen

Wir sollten uns immer wieder daran erinnern,
dass wir in Zeiten größter Schwierigkeiten
am meisten an Weisheit
und innerer Stärke hinzugewinnen.
DALAI LAMA

Wie das Wort »scheitern« bereits sagt, spaltet es Dinge auf. Manchmal in zwei oder mehrere Teile, und gerade durch dieses Aufspalten, dieses »in Scheite-Spalten«, kommen Themen an die Oberfläche, an die wir anders nicht herangekommen wären.

Durch zwangsweises Innehalten werden uns Dinge bewusst, die sehr wesentlich für unsere weitere Entwicklung sind. Wir erkennen dann, dass wir vielleicht wichtige Wesenszüge, die uns zu eigen sind, vernachlässigen. Dass wir vielleicht einen Weg einschlagen, der uns langfristig vom eigenen Glück wegführen würde. Oder wir Dinge anstreben, die vielleicht gar nicht so erstrebenswert sind. Sehr oft verhindert das Scheitern auch, dass wir uns selbst überfordern.

Im Scheitern liegt also immer auch die Kraft
des Sammelns und der Erkenntnis.

Scheitern beinhaltet oft, auch wenn es im Moment weh tut, die große Chance zu persönlichem Glück, weil wir in unserer Seelenstruktur das betrachten können, was uns zu eigen ist. Mit jedem Scheitern nehmen wir ein bisschen mehr an unserem eigenen Leben teil und nicht so sehr an dem Leben, das von anderen für erstrebenswert betrachtet wird.

Scheitern bedeutet oft,
dass wir gar nicht unseren eigenen Weg gehen

Wir sollten das Scheitern in unserem Leben auch begrüßen und bejahen. Denn gerade das Scheitern zeigt uns unseren ganz persönlichen Weg. In dieser Situation können wir oft unsere eigene, wirkliche Aufgabe entdecken, die uns glücklich machen kann. Gerade diese Erfahrung hilft uns bei der Suche nach unserem Lebenssinn. Gerade dieses Wachgerütteltwerden hat mich in meinem Leben immer wieder Punkte beleuchten lassen, die mir zu mehr Tiefe verholfen haben.

Jedes Scheitern ist also auch eine Chance, dem eigenen Glück wieder nahezukommen.

Glück ist ...
jede Korrektur des Schicksals
als Chance anzunehmen.

Glück hinterlässt Spuren

Betreten wir die Wohnung oder das Haus
eines unglücklichen Menschen,
mag die Aussicht noch so wundervoll sein,
der Marmor noch so erlesen,
wir fühlen uns dort nicht wirklich wohl.
Wir spüren, dass etwas nicht stimmt,
und sind meist froh
diesen Ort wieder verlassen zu dürfen.

Betreten wir die Wohnung oder das Haus
eines glücklichen Menschen,
mag die Einrichtung noch so spärlich sein,
die Fenster noch so klein,
wir fühlen uns dort wohl
und würden gerne noch länger dort verweilen.

Ein glücklicher Mensch strahlt Behaglichkeit
nach außen aus.
Jeder, der sich in der Nähe eines glücklichen
Menschen befindet, wird davon angesteckt.

Wenn du also glücklich bist,
steckst du auch andere damit an.

Gibt es einen schöneren Grund?

Lass es dir besonders gut gehen,
wenn es dir schlecht geht.

Denn gerade dann
benötigst du deinen Zuspruch.

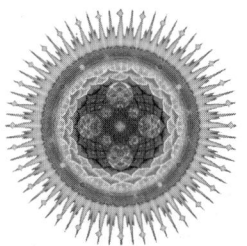

3
Glück ist ...
Loslassen

Löse dich von deinen nicht erfüllten Hoffnungen

Life is what happens to you
While you're busy
Making other plans
JOHN LENNON

Alle Türen dieser Welt standen uns irgendwann im Leben einmal nach allen Seiten offen, die Chancen waren mannigfaltig. Wir waren voller Hoffnungen und Pläne, hatten Ideen und eine genaue Vorstellung davon, wie unser künftiges Leben verlaufen sollte. In unserer Vorstellung waren wir sehr erfolgreich, beliebt und begehrt, führten eine wundervolle Partnerschaft und machten natürlich alles besser als unsere Eltern. Wir waren überzeugt von unseren Fähigkeiten und Talenten und hofften, dass diese bald auch von anderen entdeckt werden würden. Es schien nur noch eine Frage der Zeit, bis die Welt uns gehören würde.

Aber dann hat sich das Leben doch anders entwickelt, und die meisten unserer Hoffnungen haben sich nicht erfüllt. Manche nicht einmal im Entferntesten. Wir beschritten andere Wege als geplant, nahmen andere Abzweigungen als erhofft und konzentrierten uns auf Dinge, die uns vielleicht sogar immer weiter weg von der eigentlichen Erfüllung unserer Sehnsüchte führten.

Wenn wir heute auf unser Leben zurückblicken, können wir vielleicht nicht verstehen, warum sich unser Leben so völlig anders entwickelt hat, warum unsere Talente und Fähigkeiten nicht zum Tragen kamen. Warum hat das Leben dies nicht zugelassen? Warum war das Leben so *ungerecht* zu uns? Wir hatten doch ein klares, hoffnungsvolles Bild von uns.

Noch heute trägt so mancher dieses Bild von früher mit sich herum, diese Hoffnungen und Sehnsüchte von damals, und kann nicht verstehen, warum sie sich nicht erfüllt haben.

Oft sehen wir im Rückblick nur die Enttäuschungen und Verletzungen, die es gab, die Misserfolge und Niederlagen und natürlich auch die Momente, an denen wir ganz knapp an unserem Glück vorbeigerauscht sind, ohne es ergriffen zu haben. Wir sehen Hürden und Hindernisse, für die wir nicht bereit waren oder die wir nicht fähig waren zu beseitigen. Dies hinterlässt in uns tiefe Spuren der Enttäuschung.

Ein Gefühl der Ungerechtigkeit bestimmt unsere Sichtweise auf unsere Welt und lässt uns nicht glücklich sein. Aus heutiger Sicht verurteilen wir das eigene Verhalten von damals als falsch und bedauern es, so *unfähig* gewesen zu sein. Aber:

> *Unsere heutige Sicht der Dinge lässt sich nicht*
> *auf unsere Handlungen von damals übertragen.*

Dieses Bild von uns, das wir noch immer nicht losgelassen haben, obwohl es unserem heutigen Leben überhaupt nicht mehr entspricht, verhindert unser Glücklichsein.

Können wir unsere Vergangenheit nicht loslassen, fühlen wir uns ungerecht behandelt, vernachlässigt, abgewiesen, ausgegrenzt und beiseitegeschoben. Wir fühlen uns nicht wirklich wahrgenommen in unseren Talenten und verrichten vielleicht eine Tätigkeit, die gar nicht unseren ursprünglichen beruflichen Fähigkeiten entspricht. Oder leben mit einem Partner zusammen, der mit unseren *tatsächlichen* Sehnsüchten und Vorstellungen einer erfüllenden Partnerschaft nichts zu tun hat.

Solange wir jenes alte Bild in uns tragen, das wir von frühester Jugend an für unser Leben gezeichnet hatten, werden wir das Scheitern weiterhin in uns tragen. Solange wir nicht erkennen, dass dieses alte Bild nur eine Sehnsucht, eine Illusion, manchmal auch nur eine übersteigerte Tagträumerei oder ein Fluchtgedanke war, solange wir uns von den Momenten in unserem Leben, an denen wir diesem Bild nicht gerecht werden konnten, nicht wirklich gelöst haben, werden wir unserem heutigen Leben nicht gerecht werden.

Darüber hinaus fördert dieser Blickwinkel Neid- und Eifersuchtsgefühle. Wir beneiden dann unsere Kollegen, die es besser und leichter haben als wir, Freunde, die eine wesentlich glücklichere Partnerschaft führen, und Bekannte, die Karriere machen. Wir beneiden oft sogar Menschen, die wir nur aus der Presse kennen, und versuchen unsere Unzufriedenheit zu lindern, indem wir ihren Erfolg schmälern.

Wir werden an dem Bild aus vergangenen Tagen,
das wir von uns selber haben und an dem wir uns noch heute
selber messen, immer wieder kläglich scheitern.

Sobald wir jedoch beginnen, dieses Bild in uns loszulassen und damit aufhören, all die Fehlschläge zu betrauern, all die Dinge ständig zu beweinen, zu denen wir nicht fähig waren, all die Chancen zurückzuwünschen, die wir nicht ergriffen haben, dann können wir uns einem neuen Weg widmen, und zwar einem, der uns wirklich entspricht.

Genau genommen standen uns immer nur *die* Türen offen, die wir auch bereit waren zu durchschreiten. Wir konnten immer nur die Chancen nutzen, die unserer damaligen momentanen Fähigkeit entsprachen.

Um wirklich zufrieden und glücklich im Fluss des Lebens zu sein, gilt es die Vergangenheit als gegeben anzunehmen, sich mit ihr auszusöhnen und zu erkennen, dass man damals sein Bestes gegeben hat, dass man damals seine Entscheidungen so getroffen hat, wie es einem zu jenem Zeitpunkt eben möglich war und wie man es für richtig hielt. Man sollte auch akzeptieren, dass das Leben damals – selbst wenn man sich anders, also *richtig* entschieden hätte – vielleicht gar nicht so erfolgreich in die Richtung verlaufen wäre, wie man es sich gern ausmalt. Vielleicht hätte jede andere Entscheidung in der Vergangenheit zu Kummer, Hoffnungslosigkeit und Überforderung geführt.

Wer weiß, wenn du damals diesen bestimmten Job bekommen hättest, ob du ihn damals auch als erfüllend erlebt hättest. Wer weiß, ob du die Partnerschaft, zu der du heute fähig bist, bereits damals in deiner Jugend, als du charakterlich noch nicht so stark und wissend warst wie heute, als glücklich erlebt hättest. Mit ziemlicher Sicherheit hast du genau die Erfahrungen machen müssen, die du gemacht hast, um das Bewusstsein zu erreichen, das du heute hast.

Wenn du damals die Karriere als Sänger, Schauspieler, Manager, Gruppenleiter, Vorsitzender, Bankdirektor etc. wirklich gemacht hättest – wer weiß, ob du zu diesem Zeitpunkt in der Lage gewesen wärst, an vorderster Stelle zu stehen und die alleinige Verantwortung zu tragen.

Ich kenne einige Menschen, die bereits sehr früh – oft viel zu früh – eine Rolle im Leben übernehmen mussten, die sie mit ihrem damaligen Wissen und Können völlig überfordert hat und die noch heute unter diesen Erlebnissen leiden.

Betrachten wir doch einmal all die Menschen, die es scheinbar geschafft haben. Die Topmanager, die Stars in der Politik und all jene, die über den roten Teppich gehen. Wie zufrieden und glücklich sind die wirklich?

Betrachte einmal das, was du gerne hättest werden wollen. Und nun betrachte auch die Schattenseiten dieser Wahl. Dann merkst du jetzt vielleicht auch, dass es gar nicht mehr so sicher ist, ob dieses Leben auch wirklich so viel erstrebenswerter gewesen wäre?

Es ist jedenfalls müßig, vergangenen Dingen nachzuhängen. Mit all diesen Gedanken wie: »Was wäre gewesen, wenn ...« behindern wir uns nur selbst auf unserem heutigen Weg. Wir fühlen uns als Versager, als Niete und können nicht erkennen, dass wir damals das Bestmögliche, das *uns* Bestmögliche getan haben.

Je mehr wir uns in diese Unzufriedenheit hineindenken,
desto mehr entfernen wir uns von unserem heutigen Glück.

Oft werde ich gefragt, wie ich über meine eigene Vergangenheit denke, über meine vergangenen Partnerschaften und die Verletzungen, die ich mir nahestehenden Menschen zugefügt habe. Wie ich all dies mit meinem heutigen Wissen beurteile, und ob es mir nicht leidtue, dieses Wissen nicht schon früher gehabt zu haben, den Menschen nicht schon früher mit der Liebe, die ich heute empfinde, begegnet zu sein. Ob ich dies nicht zutiefst bedaure.

Und immer antworte ich das Gleiche. Bedauern ist hier der völlig falsche Ansatz und wird der Wahrheit in keiner Weise gerecht. Denn damals habe ich mein Bestmöglichstes gegeben. Zu mehr war ich damals einfach nicht fähig. Ich besaß einfach nicht mehr Wissen, nicht mehr Ausgeglichenheit, Geduld oder Charakterstärke.

Ich habe damals einfach das Bestmögliche getan, dessen ich fähig war. Dass ich heute zu mehr fähig bin, nennt man Entwicklung. Wenn ich in zwanzig Jahren auf meine heutige Gegenwart zurückblicke, werde ich hoffentlich wiederum zu wesentlich mehr Dingen fähig sein als heute. Aber dann werde ich doch mit Sicherheit nicht das bedauern, was ich heute tue, nämlich mein Bestmögliches zu geben.

Wenn man sich weiterentwickelt, erkennt man
in der Vergangenheit immer seine damaligen Mängel.
Das nennt man Entwicklung.

Bedenke also immer, dass du auch heute dein Bestes gibst. Also genau das, dessen du fähig bist, mit all deinen Begrenzungen, deinen Fehlern und deinen charakterlichen Schwächen, die dir zu eigen sind. Daher gibt es immer nur eines zu tun: Gib dein Bestes. Und wenn es Entwicklung gibt in deinem Leben, wirst du in zehn Jahren zu wesentlich mehr fähig sein als heute.

Dies ist kein Grund, alles zu bedauern, was in der Vergangenheit war. Es ist auch kein Grund, darüber traurig zu sein, was heute alles sein könnte, wenn du damals einen anderen Weg gegangen wärst.

Vielleicht hast du dich früher mit Dingen beschäftigt, die dir damals wichtiger waren als heute. Dann hast du heute eine andere Sicht auf die Dinge, als du sie damals hattest, und es wäre ungerecht, deine Vergangenheit mit deinem heutigen Wissen zu beleuchten.

Deine früheren Entscheidungen waren nicht falsch,
sonst hättest du sie damals nicht so getroffen.

Damals empfandest du sie als richtig. Nur weil du die Dinge heute anders, vielleicht auch weiser oder bewusster betrachtest, heißt dies noch lange nicht, dass die Dinge damals tatsächlich anders verlaufen wären, wenn du dich anders entschieden hättest. Vielleicht hättest du das Tempo damals gar nicht durchgehalten. Oder wärst gar nicht zu dem fähig gewesen, was heute deiner Wertvorstellung entspricht.

Es kann sein, dass wir tatsächlich schon damals wesentlich mehr Talente und Fähigkeiten mit uns herumtrugen, als wir verwirklicht haben, aber vielleicht waren wir einfach viel zu schüchtern oder zu scheu, sie auch zu äußern oder gar durchzusetzen.

Gerade aber weil diese Schüchternheit oder mangelnde Durchsetzungskraft ebenfalls ein Charakterzug von uns waren oder vielleicht sogar noch heute sind, hat es keinen Sinn darüber nachzudenken, was alles hätte werden können, wenn wir bereits damals diese Standfestigkeit besessen hätten, die wir vielleicht erst in den letzten Jahren in uns ausgebildet haben.

Vor vielen Jahren bot mir eine Plattenfirma einen Vertrag an, als sie entdeckt hatte, dass ich Gitarre spielte, eigene Lieder schrieb und mit meiner kleinen Band in Freizeitheimen auftrat. Wenn ich mir heute diese Bänder von damals anhöre und die Kraft der Songs spüre, dann bedaure ich es sehr, diese Chance nicht ergriffen zu haben. Aber damals war ich nicht fähig dazu. Das Gefühl von Minderwertigkeit, ich könnte diesem Anspruch nicht gerecht werden, hinderte mich damals daran, den Weg als Musiker und Sänger einzuschlagen. Ich glaubte, nicht singen zu können, war nicht davon überzeugt, dass meine Lieder eine größere Menge ansprechen würden, und befürchtete, dass die Plattenfirma nach wenigen Aufnahmen enttäuscht abwinken und mich nach Hause schicken würde.

Heute sehe ich diese Dinge völlig anders. Heute erkenne ich, welche Kraft meine Lieder schon damals hatten. Ich hatte also durchaus Talent. Aber eben nicht die Durchsetzungskraft.

Wäre ich damals dazu fähig gewesen,
hätte ich die Chance auch ergriffen.

Vielleicht hat mich dieses Scheitern davor bewahrt, völlig verbrannt zu werden. Wer weiß, wie mein Weg wirklich verlaufen wäre. Vielleicht hätte die Kraft der Songs nur für eine LP gereicht, vielleicht hätte ich nie meine heutige Partnerin kennengelernt, niemals diese wundervolle Tochter gehabt. Vielleicht wäre ich niemals Schauspieler geworden, und vielleicht hätte ich niemals diese Bücher geschrieben, sondern würde immer noch an der Oberfläche des Lebens herumkratzen. Vielleicht wäre ich heute gar nicht glücklich.

Ich bin aber glücklich. Was will ich also mehr?

Glücklich bin ich jedoch erst geworden, als ich mich mit all dem Scheitern in meiner Vergangenheit ausgesöhnt habe.

Meine Persönlichkeit und mein Durchsetzungsvermögen waren damals einfach nicht stark genug. Mein Gefühl von Minderwertigkeit und dem Gefühl, nicht bestehen zu können, waren einfach so groß, dass ich dazu noch nicht in der Lage war.

Lange Zeit spürte ich eine tiefe Traurigkeit in mir. Immer wenn ich mir vorstellte, dass ich auch dort oben auf der Bühne stehen und ein Rockstar hätte sein können, fühlte ich mich minderwertig und als Versager. Ändern konnten diese Gedanken jedoch nichts an meiner damaligen Situation. Im Gegenteil, sie ließen mich einfach nicht glücklich sein, sie ließen mich nicht zufrieden sein mit dem, was ich gerade war.

Diese Gedanken verhinderten damals, dass ich aktiv am gegenwärtigen Leben teilnahm.

Würde ich diesen Gedanken noch heute Raum schenken, würde ich nicht die wundervolle Familie sehen, die ich habe, das Glück meiner Partnerschaft, den Erfolg meiner Bücher und die Anerkennung, die mir von vielen Lesern zuteilwird. Ich könnte den inneren Reichtum meines Lebens nicht sehen, den ich auf ganz andere Weise als geplant erhalten habe. Ständig würde ich mich durch solche Gedanken vom Glück des Lebens ausschließen.

Will man also sein Leben in die Hand nehmen, ihm eine neue Richtung geben oder die bestehende verstärken, gilt es, alle Gedanken an die Vergangenheit, an vertane Chancen loszulassen. Man kann sie betrauern, vielleicht auch beweinen, aber dann muss man sie für immer gehen lassen.

Erst als ich begann, das Glück in diesen scheinbar »verpassten« Chancen betrachten zu wollen, erkannte ich auch eine andere Wahrheit, die sich ebenfalls hinter jedem Ereignis versteckt. Es liegt also immer nur an uns, welche Wahrheit wir in unser Leben lassen wollen.

Ich habe mich für das Glück entschieden. Und du?

Betrachte deine Vergangenheit auf folgende Weise:

· Alles war genau richtig, wie es damals war.
· Alles kam zum richtigen Zeitpunkt.
· Alles entsprach deiner damaligen Entwicklung.
· Alle Entscheidungen führten dazu, dass du dich heute

mit dem Gedanken beschäftigst, was dich wirklich glücklich macht.

· Jede »verpasste« Chance bot dir eine neue, wesentlich bessere an.

· Sei dankbar für jede Entscheidung in deinem Leben.

Glück ist ...
voller Demut Vergangenes
loslassen zu können.

In Wahrheit
ist jeder Verlust nur ein Tausch

Weine nicht, weil es vorbei ist,
lache, weil es überhaupt passiert ist.

Betrachte Verluste stets als Potential zu neuem Glück.

Diese Aufforderung verlangt etwas Ungewohntes von uns, denn schließlich sind wir doch darum bemüht, Verluste in unserem Leben zu vermeiden. Mehr noch, wir haben sogar regelrecht Angst vor Verlusten. Panische Angst. Deswegen haben Versicherungsmakler es manchmal so leicht, wenn sie uns weismachen wollen, dass man sich gegen Verluste aller Art schützen kann.

Aber im stetigen Bemühen, Verluste zu vermeiden, verhindern wir gleichzeitig die Veränderungen in unserem Leben, die wir manchmal so dringend brauchen könnten.

In Wahrheit ist jeder Verlust nur ein Tausch. Wir haben unzählige solcher Erfahrungen bereits gemacht. Immer wenn in unserer Vergangenheit etwas Neues in unser Leben kam, haben wir dafür etwas Altes losgelassen – loslassen müssen. Das war der Handel. Auch wenn wir ihn nicht immer gleich als solchen erkannt haben. Dieses Alte hat uns große Sicherheit und Geborgenheit geboten. Und dennoch haben wir es losgelassen und gegen Neues eingetauscht.

Genau genommen haben uns die Verluste
in unserem Leben weitergebracht.

Dies begann bereits mit unserer Geburt. Wir mussten die Geborgenheit des Mutterbauches aufgeben, um auf die Welt zu kommen. Indem wir den Kindergarten hinter uns ließen, tauchten wir in die neue Welt der Schule ein. Mit dem Verlust der Kindheit machten wir erste Erfahrungen als Teenager. Mit dem Verlust der Unschuld erfuhren wir, wie sinnlich und schön Sexualität sein kann. Nach Beenden der Schule begannen wir zu studieren oder übernahmen unsere erste Arbeitsstelle. Als wir das Elternhaus verließen, bezogen wir unsere erste eigene Wohnung und machten unsere ersten selbstständigen Schritte.

Gewinn und Verlust gehören zu unserem Leben
wie das Ein- und Ausatmen.

Wir »verlieren« also beständig etwas. Und erst durch diesen Verlust gewinnen wir etwas Neues. Nur durch das Loslassen von Vergangenem können wir neue Schritte wagen, die vielleicht viel spannender sind als das Gewohnte.

Verlust ist nur ein Tausch. Wir bräuchten genau genommen gar nicht so panisch darauf zu reagieren. Denn wir gewinnen mit jedem Verlust etwas Neues dazu.

Vielleicht können wir nicht immer sofort erkennen, was wir im Gegenzug für unseren schmerzlichen Verlust eintauschten, weil zwischen Verlust und Gewinn etwas Zeit vergehen kann. Aber wenn wir unser Leben rückblickend betrachten, lässt sich meist sehr klar erkennen, welchen Gewinn wir aus unseren Verlusten gezogen haben.

Und da wir Verluste selten bewusst zulassen wollen, »zwingt« uns das Schicksal glücklicherweise sehr oft dazu. Sonst wären wir heute noch in unserer Kindheit gefangen oder mit unserer allerersten Liebe zusammen, die vielleicht nicht hätte wachsen und reifen können. Wir hätten nicht studiert, weil wir die Schule nicht verlassen wollten, wir hätten keinen Job ergriffen, weil wir das Studentenleben nicht aufgeben wollten, und würden vielleicht unsere Kinder über Gebühr an uns binden, weil wir sie nicht in die Erwachsenenwelt entlassen wollen.

Wenn wir den Wandel nicht zulassen, bleiben wir auf unseren Verlusten sitzen. Manchmal ein Leben lang.

Ob wir Gefallen daran finden oder es verhindern wollen, verändern können wir am Prinzip des Lebens nichts. Wir müssen akzeptieren lernen, dass wir älter werden, an Schönheit verlieren, dass wir an Schnelligkeit und Sportlichkeit einbüßen. Mit jedem Tag, jedem Monat, jedem Jahr verlieren wir an verbleibender Zeit, die uns noch zur Verfügung steht, und damit an Möglichkeiten, an unserer Biographie zu schreiben.

Aber dafür gewinnen wir stets auch etwas Neues. Wir gewinnen neue Freunde, neue Partner, werden mit neuen Erlebnissen beschenkt und können neue Türen öffnen. Wir gewinnen an Erfahrung, Weisheit, Voraussicht und Gelassenheit. Wir erleben das Leben nicht mehr auf der gleichen Stufe. Mit jedem Gewinn wandern wir eine Stufe höher, entdecken neue Möglichkeiten, unser Leben unserer derzeitigen Entwicklung anzupassen, und betrachten Dinge völlig anders.

Das Leben wird reicher, weil wir reicher werden. Die meisten Verluste sind also durchaus gewinnbringend für uns. Ohne diese Verluste hätte es keine Entwicklung in unserem Leben gegeben. Natürlich schmerzen Verluste immer, aber nur weil wir nicht erkennen, welcher Gewinn uns daraus erwachsen wird. Wenn wir also dagegen ankämpfen, lassen wir uns auf einen Kampf ein, den wir nur verlieren können. Vor allem bezahlen wir diesen Kampf mit unserer Glücksfähigkeit.

Nicht umsonst hat die Glücksforschung herausgefunden, dass ältere Menschen sich als wesentlich glücklicher empfinden als junge. Das ist doch bemerkenswert. Obwohl sie so vieles »verloren« haben, empfinden sie ihr Leben als wesentlich entspannter und angenehmer. Das Empfinden von Glück hat eben viel mit der inneren Haltung zu tun.

Aber warum sollten wir diese entspannte innere Haltung erst im Alter einnehmen? Warum sollten wir dieses Gefühl von Glück nicht ein paar Jahre nach vorne verlegen können?

Sieben Schritte, mit Verlusten umzugehen

1. Begrüße jede Veränderung.
2. Konzentriere dich bei jedem Verlust auf den Gewinn, den er für dich bereithalten könnte. Umso rascher wird er sich dir offenbaren.

3. Gib dich stets dem Neuen hin. Umso leichter fällt dir der Verlust.

4. Verlust ist nichts anderes als Wandel. Du tauschst Gutes, um noch Besseres zu erhalten.

5. Trauere dem Verlust nicht nach, sondern freue dich schon jetzt auf das Neue.

6. Sei dir bewusst, dass jeder Verlust dich reicher und reifer im Leben macht, auch wenn er im Augenblick noch so sehr schmerzen mag.

7. Wenn wir etwas loslassen, wartet neues Glück auf uns, das uns eine Stufe höher hebt.

Das Akzeptieren von Verlust, das Annehmen von Wandel und Veränderung ist enorm wichtig, weil man sonst in der Tat nichts Neues eintauscht, sondern nur auf seinen Verlusten sitzenbleibt.

Je mehr Türen sich für uns bisher geschlossen haben,
desto mehr neue Türen haben sich für uns geöffnet.

Wir müssen nur bereit sein, durch die Tür hindurchzugehen.

Erst wenn wir beginnen zu akzeptieren, dass wir jeden Tag etwas verlieren, wird sich das Gefühl von Glück und Zufriedenheit in unserem Leben einstellen. Eine Zufriedenheit, die im Gleichklang mit dem Leben ist. Fließend, leicht, heiter. Vor allem aber werden wir all die Dinge, die uns jetzt so glücklich machen, von denen wir aber wissen, dass wir sie wieder verlieren werden, mit einer ganz anderen Achtung behandeln. Unseren Partner, unsere Kinder, unsere Eltern, unsere Freunde. Vor allem aber unsere Zeit.

Sobald wir erkennen, das jeder Mensch, der in unser Leben tritt, nur ein Geschenk auf Zeit ist, werden wir deswegen vielleicht nicht mehr Zeit mit ihnen verbringen, aber die Zeit, die wir mit ihnen verbringen, wesentlich bewusster wahrnehmen.

Wenn wir uns gegen Verluste stemmen,
werden wir das Glück niemals in Händen halten.

Wir alle kennen sicherlich Menschen, die es einfach nicht zulassen können, Verluste hinzunehmen. Jahrelang hängen sie dem Alten nach und sind nicht bereit, neue Schritte zu wagen.

Wir alle kennen Männer, die nicht erwachsen werden wollen, ewige Studenten, die niemals die Uni verlassen, ewige Singles, die immer wieder die Erfahrung des ersten Verliebtseins machen wollen, ohne jemals tiefer gehende Beziehungen oder die Gründung einer Familie zuzulassen. Wir alle kennen Ehepartner, die sich niemals mehr auf eine zweite Liebe einlassen, weil die erste so schmerzlich gescheitert ist.

Überlege doch einmal kurz, was du in deinem bisherigen Leben Wesentliches verloren hast. Das wird mit Sicherheit eine Fülle von Dingen und Menschen sein. Vielleicht wäre jetzt ein guter Moment, ein paar vergangene Verluste anzunehmen, sich mit ihnen auszusöhnen und im Leben weiterzugehen.

Wenn du jetzt nicht in Trauer oder Hoffnungslosigkeit

verfällst oder dem Gefühl nachgibst, dich falsch entschieden zu haben, sondern für einen kurzen Moment einen anderen Blickwinkel aufsetzt und dir einmal anschaust, wohin dich die Verluste in deinem bisherigen Leben geführt haben, dann wirst du sehr bald erkennen, dass dich jeder Verlust ein Stück weiter gebracht hat.

Glück ist ...
Verluste als potentiellen Gewinn
zu betrachten.

In jedem Unglück
liegt auch Glück verborgen

Das Leben wird vorwärts gelebt
und rückwärts verstanden.
KIERKEGAARD

Wenn man von einer Frau einen Korb bekommt, wie würde man das beurteilen? Hat dies etwas mit Glück oder Unglück zu tun? Wenn wir nicht die Wohnung bekommen, die uns so gefällt, oder uns der Job vor der Nase weggeschnappt wird, hat dies etwas mit Glück oder Unglück zu tun?

Die meisten von uns würden solch eine Situation wohl eher als ein Unglück bezeichnen, als eine himmelschreiende Ungerechtigkeit, als eine Benachteiligung des Schicksals und dies mit sehr negativen Gefühlen verbinden. Aber woher wollen wir wissen, dass dies tatsächlich unser Unglück bedeutet?

So manches Unglück stellt sich im Nachhinein
als das größte Glück heraus.

Ein junger Mann berichtete von einer Begebenheit in seinem Leben, die so gar nicht in das Schema unserer Glücksvorstellung passt. Er erzählte davon, wie er nach langem Suchen endlich seine Traumwohnung gefunden und vom Vermieter auch schon sicher zugesprochen bekommen hatte – aber kurz vor der Unterzeichnung des Vertrags bekam sie dann überraschend doch ein anderer. Er war den Tränen nahe, er tobte, er kämpfte, aber es half nichts. Er musste sich von seiner Traumwohnung verabschieden und mit einer anderen Wohnung begnügen. Und dennoch beurteilt er dies heute als einen außergewöhnlichen Glücksfall, als ein Geschenk des Himmels! Denn in dieser neuen, bei weitem nicht so schönen Behausung traf er bereits am Tag seines Einzugs im Treppenhaus zwischen Bergen von Kartons eine Frau, die ihn zunächst zu einem Kaffee einlud, dann in ihr Bett und schließlich in ihr Leben und sich letztendlich als seine Seelenpartnerin herausstellte, mit der er über alle Maßen glücklich wurde. Noch heute dankt er seinem Schicksal dafür, dass er seine Traumwohnung damals nicht bekommen hat.

Einem anderen Mann, einem Teilnehmer eines meiner Seminare, wurde ein sicher geglaubter Traumjob verweigert, obwohl er wesentlich qualifizierter als seine Mitbewerber war. Er musste sich notgedrungen für einen anderen Arbeitsplatz entscheiden. Obwohl er anfangs unzufrieden war und sich vom Schicksal benachteiligt fühlte, machte er in der neuen Firma Karriere und bekleidet dort heute eine leitende Position. Er wird überaus geachtet und geschätzt, und man vertraut ihm selbst die schwierigsten Aufgaben an. Er fühlte sich dort im Grunde genommen ganz glücklich. Mit dem Schicksal söhnte er sich aber erst dann endgültig aus, als er erfuhr, dass die Firma, bei der er unbedingt zuerst hatte arbeiten wollen, Konkurs angemeldet und alle Mitarbeiter entlassen hatte.

Aus heutiger Sicht beurteilt er sein Schicksal als durchaus positiv und betonte, welches Glück er doch gehabt habe. Wenn auch erst Jahre später, so hatte sich die Absage im Nachhinein dennoch als das viel größere Glück herausgestellt.

Eine Frau mittleren Alters erzählte mir, dass sie kurz vor Antritt einer längeren Reise ins Ausland, auf die sie sich sehr gefreut hatte, einen Autounfall hatte und ins Krankenhaus kam. Die Rippenprellungen stellten sich als harmlos heraus, nicht aber das kleine Geschwür, das bei der gleichen Untersuchung entdeckt wurde. Zum Glück, denn nur wenig später wäre die Krankheit zu weit fortgeschritten gewesen. So aber konnte sie geheilt werden, holte die Reise zwei Jahre später nach und ist heute ... glücklich.

Eine andere Frau erzählte mir, wie sie vor Jahren von ihrem Mann verlassen wurde und glaubte, nie darüber hinwegkommen zu können. Sie war gezwungen, sich wieder eine Arbeit zu suchen, und begann ein neues, anderes Leben. Erst da merkte sie, dass sie in ihrer Partnerschaft nie wirklich glücklich gewesen war und stets unbewusst Angst davor gehabt hatte, ihr Mann könne sich von ihr trennen.

Heute ist sie glücklich, dass er es getan hat. Denn sie selbst hätte nie die Kraft und den Mut dazu besessen. Mittlerweile leitet sie eine kleine Abteilung, wird dort sehr geschätzt und ist mit ihrem neuen Partner überglücklich. Endlich fühlt sie sich sicher und geborgen, vor allem aber angenommen und geliebt. Etwas, das ihr früher immer gefehlt hatte.

Eine Zurückweisung oder eine Niederlage, eine Trennung oder ein Unfall fühlen sich in dem Moment, wenn wir sie erfahren, nie großartig an. Dennoch sollten wir dem Ganzen keine allzu negative Bedeutung beimessen und uns nicht in unendliches Leid gestürzt sehen. Denn vielleicht stellt sich schon sehr bald heraus, dass gerade das vermeintliche Unglück uns zu unserem wahren Glück führt.

Warum also immer gleich alles beurteilen und bewerten? Warum vertrauen wir so wenig auf unsere innere Führung? Wenn Dinge in unserem Leben nicht funktionieren, dann verbirgt sich dahinter ein besonderer Schutz oder ein Glücksfall ganz anderer Art für uns.

Wenn uns zum Beispiel in Liebesdingen ein anderer Mensch zurückweist, ist dies kein Grund, sich unglücklich zu fühlen. Auch wenn wir zum wiederholten Male allein nach Hause gehen müssen und dort nur der Fernseher auf uns wartet. Denn vielleicht haben wir großes Glück gehabt, ohne es zu wissen. Vielleicht hätte der andere Mensch überhaupt nicht zu uns gepasst, und wir wären in unheilvolle Verstrickungen verwickelt worden. Vielleicht hätten wir auch ein paar Wochen wundervoller Verliebtheit erlebt, aber dann feststellen müssen, dass der neue Partner andere Vorstellungen vom Leben oder von der Treue hat. Vielleicht wären die Verletzungen dann wesentlich tiefer gewesen als der Schmerz dieses einen »Nein« zur rechten Zeit.

Warum also traurig sein? Warum nicht lieber glücklich sein, dass es so glimpflich für uns verlief?

Natürlich will unser Verstand dies im Moment der Ablehnung nicht einsehen. Meistens ist es der Verstand, der uns immer wieder vorgaukeln möchte, wie toll es geworden wäre und wie riesig unser Verlust doch sei. Und natürlich laufen die verpassten Chancen in unserer Fantasie nachträglich als außergewöhnlich tolle und großartige Filme ab. Kein Wunder. In unserer Fantasie sehen wir nur die perfekte Erfüllung unserer Wünsche. Niemand kann uns da störend hineinreden. Wir können also alles so steuern, wie wir es am liebsten hätten, können Abläufe nach Belieben ändern und andere Menschen tun lassen, was immer wir gerne wollen. Im wirklichen Leben können wir dies alles nicht.

· Die Erfüllung unserer Sehnsüchte findet nie so statt, wie wir sie uns in unserer Fantasie vorstellen.
· In unserer Imagination ist immer alles unbeschreiblich wundervoll, weil wir es im »richtigen« Leben nicht ausagiert haben.
· Wir zerfließen gerne im Selbstmitleid, wenn wir abgelehnt werden.

Alle diese Gedankenkonstruktionen sind nicht die Wahrheit. Nicht immer ist eine Niederlage auch eine Niederlage. Manchmal können wir dies sogar sehr rasch erkennen.

Wir alle haben schon von Menschen gehört, die verzweifelt versuchten, ein Flugzeug zu erwischen, es aber wegen widriger Umstände nicht mehr schafften, rechtzeitig am Flughafen einzutreffen. Sie waren enttäuscht, verärgert oder gar verzweifelt. Aber dann erfuhren sie, dass das Flugzeug abgestürzt sei. Und plötzlich hatte sich das große Unglück in das größte Geschenk Gottes verwandelt.

In diesen Fällen ist es sehr leicht zu sehen, dass es sich gar nicht um ein wirkliches Unglück gehandelt hat. Es fällt uns deswegen so leicht zu erkennen, weil die zeitliche Abfolge der Ereignisse so nah beieinanderlag. Liegen zwischen den Ereignissen aber Wochen oder gar Monate oder Jahre, ist es fast nicht mehr möglich, einen kausalen Zusammenhang zu erkennen.

Aber nur weil wir die Zusammenhänge nicht sehen können, ist eine Niederlage dennoch nie eine wirkliche Niederlage.

- Blicke zurück. Welche wundervollen Dinge haben sich in deinem Leben ereignet, die sich vielleicht ohne ein vorheriges Nein nicht ergeben hätten?
- Welches Glück ist dir gerade dadurch an einem ganz anderen Ort und zu einer ganz anderen Zeit widerfahren?
- Was alles hättest du nicht erleben können, wenn es in deinem Leben nicht auch ab und zu so ein Nein gegeben hätte?

Wenn wir nicht auf den Mangel, sondern auf den Reichtum blicken, den so manches Nein in unserem Leben auslöste, werden wir rasch feststellen, wie viel Glück uns gerade so mancher scheinbare Misserfolg brachte.

Darüber hinaus berichten fast alle erfolgreichen Menschen, dass sie gerade durch ihre Niederlagen stark geworden sind.

Eine Niederlage wird nur dann zu einer,
wenn wir danach nicht mehr aufstehen.

Höre deswegen nach einer scheinbaren »Niederlage« nie auf deinen Verstand. Denn konzentrierst du dich zu sehr auf die erfahrene Ablehnung, kann es sein, dass du vergisst weiterzugehen. Du resignierst und fühlst dich vom Schicksal benachteiligt.

Dabei hat nicht das Schicksal uns aufgegeben,
sondern wir uns selbst.

Und das nur, weil wir vorschnell die falschen Schlüsse ziehen. Also steh wieder auf und suche das Glück, das für dich bestimmt ist.

Es gibt noch einen weiteren sehr wesentlichen Aspekt dabei. Wenn wir verstehen, dass hinter einem Nein stets auch großes Glück für uns stecken kann, können wir wesentlich leichter auch das Nein eines anderen Menschen akzeptieren. Weil wir wissen, dass dies für beide das Beste ist.

Der Manager einer kleinen Firma erzählte mir bei einem meiner Seminare, dass er immer alles bekommen hatte, was er sich vorstellte. Auch die Frau, die er sich damals einbildete, hatte er bekommen, obwohl diese Frau ihn zunächst gar nicht wollte. Sie spürte keine wirkliche Liebe zu ihm. Aber er nahm ihr Nein nicht ernst und setzte alles daran, sie zu erobern, denn er war sehr geschickt im Erreichen seiner Ziele. Und so erreichte er wieder einmal, was ihm wichtig war. Die beiden heirateten.

Mit der Zeit aber stellte sich immer deutlicher heraus, dass die Liebe der Frau zu ihm noch immer fehlte. Das Gefühl tiefer Verbundenheit war zwischen ihnen einfach nicht vorhanden und würde wohl auch künftig nicht wachsen.

Dennoch bekamen sie Kinder, weil das zu seiner Vorstellung einer glücklichen Familie gehörte. Das Glück aber stellte sich nicht ein. Seine Frau entwickelte eine tiefe Liebe zu ihren Kindern, aber nicht zu ihm. Nun fühlte er sich noch tiefer verletzt.

Heute, im Nachhinein, weiß er, dass er in seiner Partnerschaft eigentlich nie wirklich glücklich war, und versteht nicht ganz, warum er nicht rechtzeitig die Bremse gezogen hat, gleich am Anfang, als es noch nicht zu spät war. Vor allem, weil ihm sein bester Freund – der damals ebenfalls sehr in die Frau verliebt gewesen war und sich durchaus Hoffnungen gemacht hatte – kurz nach der Eheschließung die Freundschaft kündigte. Diese Freundschaft war die einzige, die ihm etwas bedeutet hatte.

Sein Freund blieb damals einige Zeit allein, dann aber traf er die Frau seines Lebens und lebt seitdem glücklich mit ihr zusammen. Mittlerweile hat auch er zwei Kinder, die sein Glück komplett machen. Der große Unterschied zwischen ihm und seinem Freund wurde immer deutlicher: Sein ehemaliger Freund wird geliebt.

Ihre Freundschaft ist damals an der Rivalität um diese Frau zerbrochen, heute haben sie gelernt, damit umzugehen. Nur er fühlt sich heute als Verlierer. Er denkt oft darüber nach, wie sein Leben wohl verlaufen wäre, wenn er das damalige Nein seiner heutigen Frau akzeptiert, sie mehr Durchsetzungskraft gehabt hätte, sich nicht zu einem Leben mit ihm hätte überreden lassen.

Ein Nein
ist manchmal ein großes Ja zu uns selbst.

Manchmal ist eine Zurückweisung ein Gewinn für alle Beteiligten.

Wenn es nicht nach unserem Willen geht, nach unseren Vorstellungen und Plänen, nach unseren Hoffnungen und Sehnsüchten, reagieren wir enttäuscht, mit Wut oder Resignation.

Aber warum? Warum vertrauen wir so wenig auf unsere innere Führung?

Es sind einzig und allein wir selbst, die den Ereignissen ihre Bedeutung geben, obwohl wir gar nicht wissen, wohin sie uns zum Schluss tatsächlich führen werden.

Diese Erkenntnis könnte zu einem großen Wendepunkt in deinem Leben werden. Hör einfach auf zu bewerten. Vergegenwärtige dir die folgenden Punkte immer wieder, bis sie für dich zur absoluten Wahrheit werden:

- Höre auf zu bewerten. Egal, wie sich die Dinge gerade entwickeln.
- Vertraue darauf, dass immer das Beste in deinem Leben geschieht.
- Suche auch in den Niederlagen nach dem Glück.
- Sei stets offen und bereit, auch durch eine andere Tür zu gehen als die, die du dir gerade einbildest.
- Suche die Dinge in deinem Leben zu vermehren, die

dich glücklich machen, und die Dinge einzuschränken, die dich unglücklich machen.

· Suche in deinem eigenen Glück auch immer das Glück der anderen.

Glück ist ...
das Glück auch im Unglück zu erkennen.

Vergebung – ein wichtiger Schritt zurück in unsere Zukunft

Wenn du loslässt, hast du zwei Hände frei.
CHINESISCHES SPRICHWORT

Es gibt viele Themen, die unseren Weg zum dauerhaften Glück überlagern oder gar verhindern. Eines dieser Themen ist das Nicht-vergeben-können. Fast alle Menschen tragen seelischen Ballast mit sich herum, der sie daran hindert, wirklich frei zu sein. Der Grund dafür ist, dass wir die Vergangenheit nicht auf sich beruhen lassen können.

Vergeben heißt nichts anderes,
als die Vergangenheit loszulassen.

Und genau das scheint uns manchmal nicht möglich zu sein. Wir wollen nicht vergeben. Schon gar nicht demjenigen, der uns zutiefst verletzt hat. Wir wollen, dass er dafür bezahlt. Nur wird er es nicht tun. Bezahlen tun immer nur wir selbst. Mag der Anlass dafür auch noch so lange zurückliegen. Wir bezahlen so lange, bis wir vergeben.

Denn wenn wir nicht vergeben, behindern wir unser Leben. Wir werden misstrauisch und ängstlich, verbittert und wütend und haben Sorge, wieder verletzt zu werden, wenn wir uns zu sehr einlassen. Wir sind nicht frei, um wagemutig und voller Zuversicht voranzuschreiten. Wir sind voller Groll und stülpen unseren Ärger und unsere negativen Vorurteile anderen Menschen über. Sehr oft halten wir andere Menschen dadurch auf Abstand oder stoßen sie regelrecht aus unserem Leben. Das erlösende Gefühl von Nähe rückt in immer weitere Ferne, und damit auch unser Glücksempfinden.

Wenn wir nicht vergeben können, spüren wir sogar sehr intensiv, wie schlecht es uns dabei geht. Und dennoch wiegen die seelischen und emotionalen Verletzungen manchmal so schwer, dass wir meinen, nicht mehr verzeihen zu können. Oder zu wollen.

Manche Menschen nehmen ihren Groll sogar mit ins Grab.
Willst du einer von ihnen werden?

Viele Menschen haben im Laufe der Jahre so viele Verletzungen erlitten und sie so tief in sich vergraben, dass es ihnen ziemlich schwerfällt, die Notwendigkeit des Vergebens überhaupt einzusehen. Man hat sich doch bis jetzt ganz gut damit arrangiert? Man hat gelernt, mit den Verletzungen zu leben und sie nicht mehr zu spüren. Der Schmerz ist mittlerweile so vertraut wie ein guter Freund. Man weiß, was man an ihm hat. Warum also sollte man sich von neuem der Gefahr des Verletztwerdens aussetzen?

Weil es ohne zu vergeben keinen Neuanfang geben wird. Wenn es uns nicht gelingt, die Vergangenheit ruhen zu lassen, schleppen wir sie ständig mit uns herum und bewerten alles allein aus der Perspektive der Verletzung. Wir suchen nach Stellvertretern, die uns das, was uns angetan wurde, wiedergutmachen sollen. Keine gute Voraussetzung, um mit anderen Menschen zusammenzukommen.

Vergeben bedeutet nicht, dass wir alles gutheißen sollen, was uns angetan wurde. Es bedeutet auch nicht, dass wir keine Konsequenzen ziehen sollen. Manchmal ist es sogar sehr wichtig, Konsequenzen zu ziehen. Vor allem, wenn man ernst genommen werden will. Vergeben bedeutet einfach nur, seinen Frieden mit der Vergangenheit zu schließen und aufzuhören, die alten Geschichten immer wieder aufzuwärmen und ewig die gleichen Bilder aus der Vergangenheit hochzuholen. Sonst nimmt man all die Verletzungen in seine Zukunft mit. Die Zukunft wird dann also nicht unbelastet und frei sein.

Erst wenn wir loslassen, werden wir wieder leicht.

Erst mit dem Vergeben beginnt unser Leben wieder lebendig zu werden. Wir vergeben also nicht, damit es anderen besser geht. Wir vergeben einzig und allein, damit es uns besser geht.

Vergeben hat nur mit uns und unserem Leben zu tun. Wenn wir nicht verzeihen, räumen wir den anderen noch immer Macht über uns ein. Vielleicht sind sie längst gestorben oder glücklich mit anderen Partnern zusammen. Nur wir drehen uns noch immer in der Schleife der Unversöhnlichkeit.

Wenn wir nicht vergeben können,
bestrafen wir uns damit nur selbst.

Manchmal, ohne es zu merken. Dieses Szenario gibt uns oft das Gefühl von Stärke und Rechtschaffenheit. Aber um welchen Preis?

Wenn wir nicht vergeben, behalten wir unseren ganzen Groll und unsere ganze Wut und tragen sie jeden Tag mit uns herum. Eigentlich wissen wir das auch. Und das schmerzt noch mehr. Wir wollen sie nämlich eigentlich so gerne endlich loswerden.

Die einzigen Fragen, die es also zu stellen gilt, sind folgende: Wie möchtest du dein Leben weiterführen? Und welchen Preis bist du bereit, dafür zu zahlen? Willst du Recht haben, oder willst du frei sein?

Wer einmal die heilsame Kraft des Verzeihens gespürt hat, wird nie mehr den Preis für den seelischen Ballast der Vergangenheit bezahlen wollen.

Wenn wir verzeihen, erleben wir eine neue Lebendigkeit, Lebensfreude und Nähe. Das Gefühl des Getrenntseins verliert seine Kraft, und man genießt das Zusammensein mit seinem Partner oder Freunden frei und unbeschwert. Man ist im wahrsten Sinne des Wortes »erleichtert«.

Mit jedem Vergeben findet ein Neuanfang statt.

Dieser Neuanfang kann nur aus uns selbst heraus entstehen. Aber wie?

Um sich seiner emotionalen Verletzungen bewusst zu werden, ist es sehr hilfreich, diese aufzuschreiben. Oftmals haben wir den eigentlichen Grund des Ärgers längst vergessen und tragen dennoch tiefen Groll in uns. Der Vorgang des Schreibens macht uns diesen Vorgang bewusst und hilft uns, unsere Gedanken und Gefühle dazu zu sortieren.

Oft löst sich während des Schreibens viel an aufgestauten Gefühlen. Wichtig ist es, sich Zeit zu lassen und alles aufzuschreiben, was hochkommt. Jedes noch so unwichtig erscheinende Detail soll stattfinden dürfen. Manchmal sind es auch scheinbare »Kleinigkeiten«, die uns dennoch sehr verletzt haben. Vielleicht war es nur für andere unwichtig, für dich aber sehr wesentlich.

Schreibe einfach alles auf, was dir in den Sinn kommt.

Und dann betrachte dir deine Liste in aller Ruhe und frage dich, ob du wirklich noch immer daran festhalten möchtest. Willst du alldem noch immer so viel Macht über dein Leben geben?

Wenn nicht, dann könntest du all das, was du aufgeschrieben hast, in eine kleine feuerfeste Schale legen und verbrennen.

Wesentlich ist, dass du dieses Papier in dem Bewusstsein verbrennst, dass dieses Kapitel wirklich abgeschlossen ist. Lass dir also Zeit damit, bis du wirklich das Gefühl hast, dafür bereit zu sein und ein neues Leben zu beginnen.

Wenn du es tust, tu es mit all deiner Würde und deiner Zuversicht. Bereue nichts, es ist vorbei. Verzeihe dir und dem anderen mit allen deinen Gefühlen und Gedanken.

Es ist übrigens nicht wichtig, ob der andere davon erfährt oder mitmacht. Wichtig sind ganz allein du und deine emotionale Heilung. Denn es geht nur um dich. Und um dein Glück.

Glück ist ...
vergeben zu können.

Befreie dich von Besitz

Wenn ein Schiff überladen ist,
wird es manövrierunfähig.

Besitz erzeugt ein Gefühl von Sicherheit in uns. Er ist auch oft ein Beweis für uns, dass wir etwas geleistet oder gar gelebt haben. So bringen wir Andenken von unseren Reisen mit oder lassen uns von bestimmten Gegenständen an wundervolle Berührungspunkte mit anderen Menschen erinnern.

Besitz hat aber auch eine ganz andere Seite. Besitz belastet. Sehr oft fesselt er uns, macht uns träge, unbeweglich, unflexibel oder sogar unfrei. Nicht selten sind wir nicht mehr in der Lage, uns schnell und spontan für Dinge zu entscheiden, die unserem eigentlichen Lebensweg guttäten.

Wir sammeln oft so viel Materie an,
dass wir fast bewegungsunfähig werden.

Eine Eigentumswohnung oder gar ein eigenes Haus verhindern oft, dass wir in eine andere Stadt ziehen, wo es vielleicht eine bessere Arbeit oder den Partner unseres Lebens gäbe. Oder wir besitzen noch die Möbel unserer Eltern oder Großeltern oder Einrichtungsgegenstände, die wir uns gekauft haben, als wir jung waren. Meist entsprechen sie überhaupt nicht mehr unseren heutigen Lebensumständen. Dennoch umgeben wir uns noch immer mit ihnen.

Es ist doch paradox: Wir haben uns mit viel Mühe und Überwindung von alten Lebensumständen getrennt, nehmen aber alle Erinnerungsstücke an diese Zeit mit. Innerlich möchten wir gerne in die Freiheit, äußerlich bleiben wir noch immer dort verhaftet, wo wir längst nicht mehr sein wollen.

Alte Gegenstände halten uns in der Vergangenheit fest.

Oft erinnern sie uns an unglückliche Umstände, an Trauerfälle oder an Trennungen von geliebten Partnern. Oft ist es uns deswegen gar nicht möglich, einen neuen Partner in unser Leben einzuladen. Wenn alle inneren und äußeren Räume vollgestellt sind, gibt es keinen Platz mehr für Neues.

Proportional zur Bereitschaft,
räumliche Veränderung zuzulassen,
wächst die Bereitschaft,
innere Veränderung zuzulassen.

Ganz ähnlich verhält es sich mit Gegenständen, die man gemeinsam mit früheren Partnern gekauft hat und die einen noch immer an eine glückliche Zeit erinnern, die es schon lange nicht mehr gibt.

Oft sind die Lieder der Vergangenheit längst verklungen,
aber wir bewahren sie noch immer in unserem Herzen auf.

Dies kann ein Küchentisch sein, ein Sofa, ein Bett, ein Bild oder ein Teppich, auf dem man sich geliebt hat. Auch wenn die Zeiten schon lange vorbei sind, solange wir uns noch immer mit diesen Gegenständen umgeben, bleiben wir in dieser Vergangenheit gefangen.

Wenn wir mit der Frage: »Was brauche ich wirklich?« durch unsere Wohnung gingen, würden wir ziemlich schnell feststellen, wie viel – oder wenig – wir tatsächlich brauchen, um glücklich und zufrieden zu sein.

- Streife einmal durch deine Wohnung oder dein Haus, und kennzeichne alle Dinge, die du tatsächlich für dein tägliches Leben benötigst.
- Alle Dinge, die dich voller Freude in die Zukunft blicken lassen, die dein Gemüt erheitern, bei denen du das Gefühl hast, dass diese Gegenstände dich stark und kraftvoll machen und dir Sicherheit geben, bekommen ein Bändchen.
- Wir konzentrieren uns also ausschließlich auf das, was wesentlich in unserem Leben ist.

Auf diese Weise führen wir uns vor Augen, welche Möbel, welche Gegenstände uns tatsächlich nützen und bereichern. Wahrscheinlich werden wir erstaunt feststellen, dass es weitaus weniger sind, als wir bisher angenommen haben.

Im zweiten Schritt machst du Folgendes:

· Kennzeichne alle Gegenstände und Möbel in deiner
  Wohnung oder in deinem Haus, die du schon seit einigen
  Wochen nicht mehr benutzt hast. Die vielleicht auf dem
  Dachboden oder im Keller herumliegen oder in Kartons.

Da gibt es Dinge, die hast du vielleicht schon längst vergessen oder beachtest sie gar nicht, obwohl du jeden Tag
an ihnen vorbeigehst. Du wirst erstaunt sein, wie viele
Gegenstände du in deinem Leben angesammelt hast, die
du heute gar nicht mehr benötigst.

Eigentlich ist es immer das Gleiche. In dem Moment,
wo wir etwas loslassen sollen, beginnen wir seinen Wert
zu schätzen. Denn in diesem Moment verbinden wir uns
wieder mit der Freude, die wir empfanden, als wir diesen
Gegenstand gekauft oder bekommen haben.

Noch heute glaubt der Verstand, dass wir diese Freude
für immer verlieren, wenn wir uns von diesen Dingen
lösen. Die Wahrheit ist eine ganz andere. Erst wenn wir
uns von diesen alten, vergangenen Dingen lösen, sind wir
wieder frei für neue Freude in unserem Leben.

*Wir befinden uns nicht mehr in der Schwere der
Vergangenheit, sondern in der Leichtigkeit des Jetzt.*

Glück ist ...
sich befreien zu können.

Vergleiche dich nicht mit anderen

*Das Vergleichen ist das Ende des Glücks
und der Anfang der Unzufriedenheit.*
SØREN KIERKEGAARD

Es gibt noch etwas, das uns im Gefühl immerwährenden Unglücklichseins gefangen hält: das Vergleichen mit anderen. Oftmals verläuft unser Leben recht zufriedenstellend. Eigentlich haben wir alles, was wir brauchen. Wir sind ganz zufrieden mit uns und der Welt. Manchmal auch glücklich.

Doch dann richten wir unser Augenmerk nicht mehr auf uns, sondern auf andere, und das Gefühl des Glücks verschwindet schlagartig. Unsere Gedanken kreisen nur noch um die Frage, ob unser Kollege mehr verdient als wir und warum er früher Schluss machen darf und der Chef nicht meckert, während man selbst immer nur Überstunden machen muss. Warum der Nachbar ein größeres Auto hat, während man selbst in einer Blechkutsche zur Arbeit fährt, warum unsere Freundin oder Freund eine helle, günstige Wohnung bekommen hat, während man selbst in einem überteuerten Loch wohnt? Warum alle anderen glückliche Beziehungen zu führen scheinen, während man selbst nur verheiratete Partner oder traumatisierte Menschen kennenlernt?

Bevor wir angefangen haben, uns mit anderen zu vergleichen, ging es uns noch ziemlich gut. Aber von dem Augenblick an, als wir darüber nachdachten, was die anderen tun oder haben, nagt die Unzufriedenheit an uns. Plötzlich zählt all das, was wir besitzen oder erreicht haben, nicht mehr. Wir fühlen uns vom Schicksal benachteiligt und zurückgesetzt.

> *Der Vergleich mit anderen lässt uns stets*
> *in Minderwertigkeitsgefühle verfallen.*

Vor einiger Zeit las ich eine Studie, in welcher die Testpersonen befragt wurden, ob sie lieber 5000 Euro verdienen möchten, wenn ihr Nachbar 6000 Euro bekommt, oder lieber wesentlich weniger, also nur 4000 Euro monatlich, wenn ihr Nachbar dafür noch weniger als sie selbst – nämlich nur 3000 Euro – verdient. Für was haben sich wohl die meisten entschieden?

Unglaublich, aber wahr: Die Mehrzahl entschied sich für das kleinere Gehalt, solange der Nachbar nur weniger als sie selbst verdienen würde.

Es ist erstaunlich: Wir geben uns mit weniger zufrieden, wenn wir nur etwas mehr als unser Nachbar besitzen. Es ist uns ist also wichtiger, wie wir im Vergleich zu anderen dastehen, als wie es uns selbst wirklich geht.

> *Durch das Vergleichen mit anderen*
> *verlieren wir uns selbst aus den Augen.*

Da es um uns herum immer Menschen geben wird, die wesentlich mehr verdienen als wir selbst und natürlich auch wesentlich mehr besitzen, werden wir demnach die meiste Zeit in ständiger Unzufriedenheit verbringen. Nur selten werden wir uns glücklich schätzen. Wir werden undankbar, zynisch und gereizt. Wir sehen nur unsere vermeintliche Unfähigkeit, etwas zu ändern, und vergeuden unsere kostbare Zeit in dieser negativen Gedankenschleife.

Wir bauen nicht mehr an unseren eigenen Visionen, planen nicht mehr unser eigenes Leben danach, wie es unseren Vorstellungen entspricht, sondern suchen im ständigen Vergleich mit anderen Menschen Dinge zu erhaschen, die uns vielleicht gar nicht glücklich machen würden.

Durch das Vergleichen rauschen wir in das Gefühl der Minderwertigkeit, werden ungerecht, verurteilen andere für ihre Leistungen, lassen uns von Neid und Eifersucht beherrschen und sind ganz, ganz weit weg vom eigenen Glück.

Vor allem aber verlieren wir den Fokus auf unsere eigene Bestimmung, unsere eigene Lebensaufgabe. Kein Wunder. Wir beschäftigen uns ja auch mehr mit den anderen als mit uns selbst. Wir verlieren uns langsam, aber sicher aus den Augen.

Bei meinen Vorträgen und Seminaren kommen oft Menschen auf mich zu, die mir traurig mitteilen, dass sie unglücklich seien und ihr Leben verpfuscht sei, weil sie nicht das werden durften, was sie *eigentlich* wollten. Ganz schnell fügen sie meist hinzu, dass schließlich alle anderen wesentlich glücklicher seien. Sie seien wohlhabender, mit wundervollen Partnern zusammen, besäßen eigene Häuser und könnten sich ihren Traumurlaub leisten. Vor allem aber lebten sie ein Leben, das sie auch gerne hätten.

Das ist so, als wenn die Tulpe zur Rose sagt: »Mein Leben ist verpfuscht. Ich wollte eigentlich eine Rose sein.«

Und die Rose sagt: »Ich wollte eigentlich immer ein Kastanienbaum sein.«

Der Vergleich ist der schnellste Weg,
um unglücklich zu werden.

Die Tulpe käme niemals auf die Idee zu sagen, ihr Leben sei verpfuscht, weil sie nicht das Leben einer Rose leben konnte. Oder meine Katze käme nie auf die Idee zu sagen, ihr Leben sei verpfuscht, weil sie eigentlich lieber ein Hund gewesen wäre.

Was ist denn der wahre Wunsch der Tulpe? Der wahre Wunsch der Tulpe ist: »Ich will die strahlendste Tulpe sein!«

Sollten wir nicht ähnlich wünschen wie die Tulpe?

Wenn wir aufhören, uns mit anderen zu vergleichen,
können wir zu unserer eigenen Strahlkraft zurückfinden.

Dieses sich mit den anderen Vergleichen schleicht sich übrigens auf tausenderlei Arten in unseren Alltag ein. Wir sollten also sehr aufmerksam auf dieses »Gedankengift« reagieren.

Vor einigen Jahren flog ich nach New York. Anfangs sah es mit der Reise nicht sehr gut aus – das Flugzeug war überbucht, und es war ungewiss, ob ich überhaupt noch mit der Maschine mitkommen würde. Überraschenderweise konnte ich aber dann doch noch mitfliegen. Ich bekam sogar ein Upgrade und durfte in der First Class reisen.

Was für ein Unterschied zur einfachen »Holzklasse« hinter dem samtenen Vorhang, der mich nun von der Touristenklasse trennte! Es gab Champagner zur Begrüßung, ich hatte einen Sitzplatz von der Größe eines kleinen Bettes, Filme zur freien Auswahl, ein Essen, wie es besser nicht sein konnte, und die ständige Aufmerksamkeit der Flugbegleitung.

Ob ich glücklich war? Natürlich. Vor allem in dem Moment, als ich mir vor Augen hielt, um wie viel besser es mir verglichen mit allen anderen in diesem Flugzeug ging. Bei dem Gedanken musste ich regelrecht grinsen.

Aber dann war ich gedanklich schon wieder auf dem Rückflug und überlegte mir, dass ich dann wieder eingezwängt hinten im Flieger sitzen würde. Und jemand anderer würde auf meinem wundervollen, luxuriösen Platz sitzen.

Anstatt mein Upgrade als ein Geschenk des Himmels einfach zu genießen, wanderte ich im Vergleich ständig zwischen Glück und Unglück hin und her. Und natürlich war ich auf dem Rückflug dann tatsächlich mehr als unzufrieden. Jetzt hatte ich den Unterschied am eigenen Leibe gespürt. Bis zu diesem Zeitpunkt hatte mir die Touristenklasse überhaupt nichts ausgemacht. Aber nun, im Vergleich …

In meinem Leben hatte sich eigentlich überhaupt nichts geändert. Bis auf den kleinen Unterschied, dass mich meine Gedanken in die Welt des Vergleichens geführt hatten und ich ihnen nicht Einhalt gebot.

Erst als ich mich wieder auf mich und mein eigenes Wohl konzentriert habe, kehrte Zufriedenheit in mein Leben zurück.

· Wenn mal wieder ein tiefes Gefühl der Unzufriedenheit an dir nagt, dann überleg einmal, wie dieses Gefühl entstanden ist. Wahrscheinlich wirst du feststellen, dass du dich gerade mit jemand anderem verglichen hast.
· Schärfe deinen Blick dafür. Wie oft am Tag vergleichst du dich mit anderen?
· Ärgere dich nicht, wenn du es tust. Stell einfach nur fest, wie es dir dabei geht.
· Wenn du zu lernen beginnst, dass dich das Vergleichen stets in die Unzufriedenheit führt, wirst du es mit der Zeit gern loslassen.
· Konzentriere dich wieder auf dich und dein Leben.

Alle Kraft und Freude liegen in dir selbst. Der Vergleich mit dem Leben anderer kann dir nicht helfen, zu deinem eigenen Glück zu finden. Denn jeder geht seinen eigenen, ganz persönlichen Weg. Finde deinen.

In den Fußstapfen anderer zu wandeln ist nie sehr erfüllend. Gib dem Leben daher deinen ganz eigenen Sinn.

Glück ist …
frei von Vergleichen zu sein.

Wege zum eigenen Glück

Lerne zu unterscheiden:

nicht mit dem Verstand,
sondern
aus dem Herzen heraus.

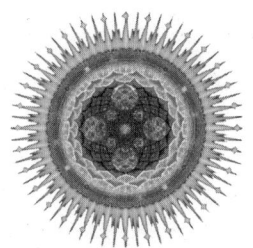

Die Suche nach sich selbst

Eigentlich sind wir immer auf der Suche
nach dem wahren Glück.
Auch wenn wir es bereits haben.

Aber die Vorstellung vom perfekten Glück,
die Sehnsucht nach dem allumfassenden Glücksgefühl,
lässt uns nicht zur Ruhe kommen.

Und so suchen wir, ohne wirklich finden zu wollen.
Denn finden würde bedeuten, angekommen zu sein.
Das anzunehmen, was schon immer bei uns war.

Aber solange wir im Außen *suchen*,
werden wir nicht *finden*, was uns tief in uns glücklich macht.

Erst durch die innere Ruhe,
durch das Erkennen unserer Liebe zu uns selbst,
finden wir auch im Außen die Liebe,
die uns durchs Leben trägt.

Wir sind Suchende und werden es immer bleiben,
bis wir uns in uns selbst gefunden haben.

4

Glück ist ...
Selbstliebe

Die tiefere Wahrheit
kann nur erfahren werden

Nicht Bücher sind es, woran es mangelt,
die Regale sind voll davon.
Woran fehlt es also?
An denen, die die Weisheiten anwenden.

Die Anwesenheit und tiefere Wahrheit von Glück kann immer nur *erlebt* werden.

Natürlich lieben wir die Worte und haben die Tendenz, alles beschreiben, erläutern und diskutieren zu wollen. Aber wer schon einmal versucht hat, ein tiefgreifendes Erlebnis verbal wiederzugeben, der wird ziemlich rasch gemerkt haben, dass alle Worte dieser Welt nicht die Kraft besitzen, wahre Gefühle auszudrücken. Jedes noch so wundervolle Erlebnis wird durch die Unzulänglichkeit der Worte geschmälert und verliert an Bedeutung.

Genauso können Worte im umgekehrten Fall einem niemals etwas so nachhaltig und tiefgreifend nahebringen wie die *Erfahrung* der Wahrheit selbst.

Lesen alleine bringt also nicht wirklich viel. Du musst die vorgeschlagenen Dinge auch tun. Und am besten auch gleich damit beginnen. Denn direkt nach dem Lesen bist du noch motiviert. Wenn du erst einmal lange darüber nachdenkst, findet der Verstand vielleicht wieder tausend Gründe, warum es wahrscheinlich doch nicht funktionieren kann.

Einmal selber sehen ist schöner
als hundertmal von anderen hören.

Fang also einfach damit an. Und zwar jetzt.

Und dann spüre, was sich in deinem Leben und deinem Umfeld ändert. Achte auch darauf, wie schnell es sich verändert.

Wunder können manchmal ziemlich schnell gehen.

Glück ist ...
ein Gefühl.

Werde zu deinem eigenen Fürsprecher

Wenn es einen Glauben gibt,
der Berge versetzen kann,
dann ist es der Glaube an die eigene Kraft.

Wenn wir beobachten, wie wir mit uns umgehen, wenn wir allein sind, werden wir wahrscheinlich rasch feststellen, dass wir uns genau genommen nicht besonders mögen. Wir haben keine sehr gute Meinung von uns selbst.

Wahrscheinlich beschimpfen wir uns deshalb auch so oft in Gedanken. Manchmal behandeln wir uns sogar richtig schlecht. Wir haben dann Worte für uns, die wir uns von niemand anderem sagen lassen würden. Wir verurteilen uns und klagen uns an. Oft sogar für weit zurückliegende Dinge, die andere schon längst vergessen haben. Aber wir holen sie immer wieder hervor, um uns zu bestätigen, wie schlecht oder unfähig wir sind. Wir kritisieren uns für den kleinsten Fehler und flüstern uns die verheerende Kritik beständig ins Ohr.

Wir mögen nicht einmal unseren Körper. Wenn wir zum Beispiel nackt vor dem Spiegel stehen, reagieren wir nicht selten mit Ablehnung. Wir glauben nicht einmal den bewundernden Worten unseres Partners. Wir wollen sie zwar hören, nehmen sie auch dankend an, aber sobald wir allein sind, kehrt der ganze Unmut über uns zurück.

Der innere Kritiker geht nicht sehr zimperlich mit uns um. Vor allem kennt er meist nur eins: Kritik, Kritik und nochmals Kritik. Nie haben wir etwas wirklich gut gemacht. Nie sind wir schön genug, gut genug, schnell genug, intelligent oder witzig genug. Immer versagen wir in allem und finden natürlich stets den völlig falschen Partner. »So wie du bist, kann dich ja auch keiner mögen«, sagen wir uns. Wir sind peinlich, eine Zumutung, mit zwei linken Händen ausgestattet und können nichts.

Woher ich das alles weiß? Weil ich diese Sätze nur zu gut von mir selber kenne. Denn jeder von uns hat so einen inneren Kritiker. Aus unerfindlichen Gründen haben wir uns selbst zur schärfsten Instanz gemacht und sind unerbittlicher als jeder Scharfrichter.

Keine guten Voraussetzungen für Glücksgefühle.

Aber wieso können wir uns selbst nur so wenig leiden? Wieso trauen wir uns so wenig zu? Wieso haben wir eine so schlechte Meinung von uns selbst? Und noch viel wichtiger: Wie werden wir diese Meinung wieder los?

Um dir ein bisschen Mut zu machen und dir zu zeigen, dass wir uns von dieser Meinung auch wieder lösen können, erzähle ich dir kurz meine Geschichte. Vielleicht erkennst du dich darin wieder. Denn auch ich war einmal voller Selbstzweifel und innerer Anklagen. Trotz meiner großen beruflichen Erfolge fühlte ich mich minderwertig und alles andere als liebenswert.

Wer hat das gesagt?

In den Monaten, in denen ich mich vollständig von meiner Umwelt zurückgezogen hatte, um herauszufinden, auf welche Weise ich mich beständig von meinem eigenen Glück abschnitt, begann ich mich natürlich auch mit all meinen Glaubenssätzen zu beschäftigen. Also mit den Sätzen, die ich über mich selbst dachte. Ich wollte wissen, *wieso* ich so dachte. Ich war doch schließlich erfolgreich und galt als sehr beliebt. Und dennoch hielt ich mich für nicht liebenswert. Woher kam diese Meinung? Wie hat das alles begonnen? Wo war der Ursprung dessen zu finden?

Aus diesem Grund schrieb ich zuerst einmal die Sätze über mich auf, die ich über mich dachte. Das fiel mir ziemlich schwer, denn das, was ich jetzt aufschrieb, war doch genau das, was ich immer vor anderen verheimlichen wollte.

Ich beschloss also, den Zettel anschließend sofort wieder zu vernichten, und fand dadurch den Mut, mir nicht nur wie gewohnt die Meinung zu *sagen*, sondern sie auch schriftlich festzuhalten.

Es war ziemlich schlimm, was ich da alles über mich lesen musste. Als ich das so gebündelt, schwarz auf weiß über mich las, war ich erstaunt, wie viele solcher Sätze und Urteile über mich ich mit mir herumtrug. Und jeden Tag kamen mehr davon zum Vorschein. Es war, als ob sie nur darauf gewartet hätten, aus meinen Tiefen hervorzusprudeln. Ich hörte Sätze und Meinungen über mich, die schlichtweg katastrophal waren. Immer wieder betrachtete

ich meinen Zettel und war fassungslos darüber, was ich
alles über mich dachte. Dann begann ich, sie immer wieder
leise vor mich hin zu sprechen, als könnte ich auf diese Art
und Weise auf den Grund dieser Sätze tauchen.

Nach einigen Tagen geschah etwas Ungewöhnliches.
Immer wenn ich die Sätze leise sprach, begann ich sie
auch zu *hören*. Aber es war nicht *meine* Stimme, die da
sprach. Sie gehörte irgendjemand anderem. Ich konnte sie
jedoch noch nicht genau zuordnen. Sie hinterließ nur ein
sehr negatives Gefühl. Und dennoch war es auch ein ver-
trautes Gefühl. Auch wenn es mir nicht gefiel, irgendwie
fühlte ich mich mit diesen Sätzen sehr verbunden. Und
zwar schon seit langer Zeit. Diese Sätze zu hören war ei-
nerseits unangenehm, andererseits signalisierten sie durch
ihre Vertrautheit aber auch eine gewisse Geborgenheit und
Halt. Das fand ich schon ziemlich merkwürdig. Hinter
diesen Sätzen lag offensichtlich etwas verborgen.

Ich nahm mir nun die Sätze vor, die in mir den größten
Eindruck hinterließen, und stellte gleichzeitig die Frage:
»Wer hat das zu mir gesagt?«

Nach wenigen Tagen, in einer frühen Morgenstunde,
erkannte ich plötzlich den Ursprung eines Satzes wieder.
Mein Vater hatte den zu mir gesagt, als ich noch ganz klein
war. Plötzlich konnte ich mich gut erinnern. Es war kein
freundlich gemeinter Satz gewesen, und das Erstaunliche
daran war, dass ich vollkommen vergessen hatte, dass ihn
ursprünglich mein Vater über mich gesagt hatte.

Je mehr ich nun diesem Satz nachspürte, desto mehr
sah ich meinen Vater vor mir, wie er diesen Satz aussprach.
Und plötzlich begann ich zu verstehen, dass diese bewer-

tende Bemerkung über mich zu meiner eigenen Überzeugung geworden war.

Als Kind wusste ich das natürlich nicht. Für ein Kind sind die Eltern erst einmal unantastbare Vorbilder. Und so glaubte ich damals natürlich meinem Vater und übernahm diesen Satz immer mehr. Ich entwickelte mich sogar regelrecht zu dieser Aussage hin. Ich bestätigte also diese Meinung meines Vaters über mich. Ich veränderte mein Verhalten mit der Zeit immer mehr, bis ich mir irgendwann nicht mehr klar war, ob ich selbst der Auslöser dieses Satzes war oder aber mich in Richtung der Meinung meines Vaters verändert hatte.

Und dann, eines Tages, hörte ich diesen Satz auch von anderen. Nun *wusste* ich um diese Eigenschaft von mir, sahen sie doch schließlich auch andere in mir. Irgendwann vergaß ich dann vollkommen, dass der erste Auslöser dafür mein Vater gewesen war.

In dieser frühen Morgenstunde entdeckte ich noch etwas Erstaunliches. Der Satz verlor an Kraft, als ich seinen Ursprung entdeckt hatte. Er hatte nicht mehr diese Macht über mich. Ich gewann eine gewisse Distanz zu seiner Aussage. Der Satz verlor an *Wahrheit*. Ich konnte ihn loslassen, denn er gehörte zu meinem Vater, nicht zu mir.

Und plötzlich entdeckte ich weitere solcher Sätze und Meinungen über mich, mit denen ich ebenso immer weniger anfangen konnte. Vielmehr sah ich nun meine Mutter, meinen Vater, meinen Bruder, einen Lehrer etc., die immer nur ihre ganz persönlichen Meinungen über mich kundgaben. Meist voller Unmut, weil ich mich nicht so verhielt, wie sie es wollten.

Plötzlich verstand ich vieles in meinem Leben. In den darauf folgenden Tagen entdeckte ich immer mehr Sätze über mich und deren wahre Urheber. Und je mehr mir klar wurde, dass diese Sätze gar nicht meine eigenen, sondern *nur* von mir angenommene waren, desto leichter fiel es mir, mich davon zu distanzieren und mich mit neuen *positiven* Sätzen zu beschäftigen und mich auf diese einzulassen. Plötzlich fiel es also gar nicht mehr so schwer, Sätze wie: »Ich bin liebenswert«, »Glück ist mein natürlicher Zustand«, »Ich bin voller Mitgefühl« oder »Nähe ist wundervoll« zu mir selbst zu sagen und mich damit zu identifizieren. Ich spürte die Kraft, die daraus für mich erwuchs. Und je mehr ich mich mit meinen neuen Meinungen über mich befasste, desto mehr verloren die alten Sätze und Urteile an Realität. Sie lösten sich regelrecht auf.

Sobald ich die Meinungen anderer abgelegt hatte,
war ich endlich fähig, meine eigene Wahrheit zu leben.

Ich begann ein neues, anderes Leben zu führen. Das alles war immer in mir angelegt. Wie in jedem von uns. Glück ist unser ganz natürlicher Zustand. Auch deiner. Man hat uns nur etwas anderes eingeredet.

Der Neuanfang

Wir sind diesen Überzeugungen, die nicht einmal von uns stammen, nicht hilflos ausgeliefert. Wir können aktiv werden und sie aus unserem emotionalen System verabschieden.

Wenn wir gedanklich weit genug zurückgehen, manchmal bis hin zu unserer frühesten Kindheit, werden wir irgendwann auf den Ursprung dieser Sätze stoßen. Meistens gehörten diese Sätze zu jemand anderem. Zu unserem Vater, unserer Mutter oder einer anderen Person, die uns nahestand und von deren Meinung wir viel hielten. Meistens hat uns diese Bezugsperson diese Sätze, die wir heute unentwegt zu uns selbst sagen, damals vorgehalten und sie immer und immer wieder wiederholt, bis wir anfingen, ihr zu glauben.

Sie wurden also irgendwann zu unserer eigenen Wahrheit, obwohl sie in Wirklichkeit nichts anderes waren als Meinungen über uns. Diese Glaubenssätze haben wir inzwischen so verinnerlicht, dass wir uns gar nicht mehr erinnern können, wo ihr Ursprung lag.

Wir verändern uns durch die Meinung anderer

Es gibt eine sehr interessante Untersuchung. Der kanadische Psychologe Albert Bandura zeigte in einem seiner Experimente, wie schnell sich selbst die einfachsten Worte, die man über uns sagt, auf unsere gesamte Einstellung auswirken können. Schon die geringste Bemerkung eines anderen Menschen reicht aus, in uns ein positives Bild oder aber ein Feindbild zu erschaffen. Solche Sätze können zum Beispiel sein: »Du bist zu dumm, zu ungeschickt, zu schwach.« Diese Aussagen werden automatisch an unser limbisches System weitergeleitet. Das ist der Teil des Gehirns, der für unsere Urängste und primitiven Hassgefühle verantwortlich ist.

Als man bei den Untersuchungen einigen Probanden mitteilte, die anderen hätten eine bestimmte Meinung über sie geäußert – obwohl dies überhaupt nicht der Fall war, sondern für den Versuch frei erfunden –, veränderte sich daraufhin bei allen Probanden das Verhalten, und sie näherten sich dem Inhalt dieser Aussagen an.

Hatte man ihnen zum Beispiel gesagt, man halte sie für brutal, gingen sie wesentlich unfreundlicher und härter mit anderen um. Hielt man sie dagegen für freundlich, legten sie plötzlich ein eher zugängliches und mildes Verhalten an den Tag.

Wir nehmen also Meinungen und Urteile anderer in uns auf und passen unser Verhalten diesen Aussagen an. Unbewusst prägt dies unser gesamtes Wesen. Wie muss sich diese Tatsache erst bei einem schutzlosen Kind auswirken, dem immer und immer wieder eine bestimmte Charaktereigenschaft eingeredet wird?

Wenn diese Sätze aber nie unsere eigenen waren und auch niemals der Wahrheit über uns entsprachen, ist es an der Zeit, diesen inneren Stimmen die Macht zu entziehen.

Beginne jetzt damit! Heute ist ein sehr guter Tag dafür!

Natürlich wird es uns erst einmal schwerfallen, von einer Sekunde zur anderen nicht mehr auf diesen inneren Kritiker zu hören. Dafür haben wir uns viel zu sehr an ihn gewöhnt.

Setz dich deswegen erst einmal einfach nur hin, und

schreib alle Sätze auf, die dir in diesem Zusammenhang einfallen.

Und dann beginne die Sätze zu hinterfragen. Wir können zum Beispiel jedes Mal, wenn wir unseren inneren Kritiker hören, die Frage stellen: »Wer sagt das?«

Wie wir bereits erfahren haben, kann sich unser Gehirn sogar physisch verändern. Wenn wir für einige Zeit etwas Neues tun, denken oder sagen, verändert sich der Teil des Gehirns, der dabei angesprochen wird. Neue Synapsen verbinden sich, damit elektrische Impulse in diesem Bereich schneller fließen können. Innerhalb kurzer Zeit wird dieses neue Denken für unser Gehirn zu einer vollständig neuen Wahrheit.

Dementsprechend werden die Bereiche, die wir vernachlässigen, vom Gehirn wesentlich weniger beansprucht. Der dafür verantwortliche Teil des Gehirns, der nun weniger benutzt wird, kann sich an dieser Stelle sogar verkleinern.

Darüber hinaus haben wir gerade gehört, dass das limbische System jegliche Äußerung einer dritten Person oder von uns selbst sofort übernimmt und wir uns sogar in diese Richtung hin entwickeln.

Wenn wir nun beginnen, neue, positive Mustersätze zu sprechen und zu fühlen, dann verändert sich der dafür zuständige Teil des Gehirns und wird aktiver, und die alten Mustersätze lassen immer mehr nach.

Wir können also eine neue Wirklichkeit entstehen lassen. Eine Wirklichkeit, die uns entspricht.

Was wir tun müssen, ist eigentlich ganz einfach. Von nun an loben wir uns für alles, was wir tun. Anfangs wird uns das wahrscheinlich übertrieben vorkommen. Aber

wenn du genau überlegst, so war die Meinung deines Vaters oder deiner Mutter damals sicherlich auch übertrieben.
Wir waren damals bestimmt ebenso erstaunt und ungläu-
big. Aber diese Sätze wurden so lange wiederholt, bis wir
sie annahmen.

Nicht anderes tun wir jetzt auch. Wir loben uns so lange
immer wieder, bis wir dieses Lob selbst annehmen und uns
schließlich zu dieser Person, die dieses Lob verdient hat,
hin entwickeln.

Durch unseren eigenen Zuspruch
nehmen wir diese Eigenschaften in uns auf
und verändern unser Verhalten in dieser Richtung.

Das geht natürlich nicht von einem Tag auf den anderen.
Aber es geht. Jeden Tag ein kleines bisschen. Jeden Tag ein
bisschen mehr auf dem Weg zu unserem Glück.

· Lobe dich für alles, was du tust.
· Belohne dich für jeden noch so kleinen Erfolg.
· Schenke allen guten Dingen deine ganze Aufmerksam-
  keit.
· Sei stolz auf dich und sage es dir immer wieder laut.
· Werde zu deinem eigenen Fürsprecher.

Du bist wundervoll. Das warst du schon immer. Du bist
schön, charmant und zuvorkommend. Du bist einzigartig
und begehrenswert. Du bist voller Güte und Mitgefühl.
Du bist ein Geschenk Gottes. Es ist eine Freude, in deiner
Nähe zu sein.

Die Wahrheit ist das, was du schon immer warst. Von Geburt an. Ein Geschenk Gottes. Ein Quell unendlicher Freude.

Glück ist ...
die eigene Wahrheit in sich
wiederzuentdecken.

**Achte auf das, was du über dich denkst
und was du über dich sagst.**

Der Satz: »Ich bin unglücklich«
erzeugt diesen Zustand erst und verankert ihn
in unserem Leben.
Sagen oder denken wir öfter solch negative Dinge,
entstehen daraus Gedankenmuster,
die sich verselbstständigen
und zu unserer Auffassung werden.

Was wird sich dann wohl in unserem Leben verwirklichen?

»Ich bin glücklich.«
Sage dir, so oft es geht, diesen Satz.
Lass ihn in dein Bewusstsein fließen.
Dann wird alles danach streben, diese Entwicklung
in deinem Leben zu erreichen.

Wenn wir beginnen, uns uneingeschränkt in unser Glück
hineinzudenken, verändert sich unsere Sichtweise komplett.
Wir erfahren immer mehr Glück in unserem Leben.

Wir werden zum Schöpfer unseres eigenen Glücks,
denn Gleiches zieht immer Gleiches an.

Der liebevolle Blick

Schön ist eigentlich alles,
was man mit Liebe betrachtet.
CHRISTIAN MORGENSTERN

Vor langer Zeit machte der berühmte Schauspiellehrer Lee Strasberg mit seinen Schülern eine sehr interessante Übung. Er setzte am Flughafen jeweils einen seiner Schüler genau in die Mitte eines vollbesetzten Warteraums. Dann bat man die anderen Flugreisenden, diese Person kurz zu betrachten und die Eigenschaften zu notieren, die sie in ihr zu sehen glaubten.

Am nächsten Tag wiederholte man diesen Versuch mit ganz anderen Passagieren. Die Schauspielschüler aber waren dieselben, nur waren sie diesmal anders angezogen.

Dies wiederholte Strasberg eine ganze Woche. Jedes Mal setzte er dieselben Schüler mitten unter ständig wechselnde Passagiere. Mal trugen sie die Klamotten eines Penners, dann schicke Managerkleidung, am nächsten Tag einfache Arbeiterkleidung.

Das Ergebnis war verblüffend. Obwohl es ständig andere Flugreisende waren und die zu beurteilenden Menschen jedes Mal völlig anders gekleidet, gab es für jeden Einzelnen immer eine ganz ähnliche Beurteilung seiner Wirkung.

Wir können uns verkleiden, wie wir wollen, wir können

vorgeben zu sein, was immer wir wollen, wir nehmen unseren wahren Charakter immer mit. Und dies können andere Menschen in uns sehen.

In den ersten Sekunden der Betrachtung arbeitet unser Verstand noch nicht gegen unsere Intuition. In der kurzen Zeitspanne weniger Sekunden sehen wir intuitiv nur den wahren Charakter eines Menschen. Wir erkennen seine seelische Struktur. Gleichgültig, wie er sich kleidet oder was er vorgibt zu sein.

*Wir sehen tiefer in einen anderen Menschen hinein
als wir ahnen.*

Erst nach wenigen Momenten beginnt der Verstand zu analysieren und zu vergleichen. »Dieser Mensch hat teure Schuhe an, er ist wohlhabend, er müsste mal zum Friseur, er erinnert mich an einen Freund, den ich nicht ausstehen kann etc.« Wenn der Verstand sich wieder einschaltet, entfernen wir uns wieder von der Möglichkeit wahrhaftiger Wahrnehmung und beginnen zu bewerten und zu beurteilen.

Diese Tatsache kann man auf wunderbare Weise nutzen. Wenn man seine Aufmerksamkeit auf das positive Potential des jeweiligen Menschen zu richten beginnt, erkennt man das tiefer gelegene Seelenmaterial, das in ihm angelegt ist. Egal, wie dieser Mensch sich kleiden oder geben mag. Die Aufmerksamkeit ist so sehr auf das positive Potential fokussiert, das in ihm schlummert, dass alles andere von der Wahrnehmung ausgeklammert wird.

Auf meinen Seminaren mache ich oft eine ähnliche

Übung. Ich stelle am Ende des ersten Tages für jeden Teilnehmer kurz meinen Platz zur Verfügung. Jeder einzelne Teilnehmer wird dann gebeten, sich für einen kurzen Moment auf meinen Stuhl zu setzen. Für diesen kurzen Augenblick sehen dann alle anderen Teilnehmer diese Person an und schreiben auf ein Blatt Papier, was sie in diesem Menschen Positives sehen. Ich bitte sie, ihren Blick vor allem auf das Potential zu lenken, das ihrer Meinung nach in der jeweiligen Person angelegt ist. Ich stelle dabei immer die gleiche Frage, die all das beinhaltet. »Was seht ihr in ihm/ihr Göttliches?«

Ich bitte sie also, ihren liebevollen Blick anzuwenden. Wenn wir einen anderen Menschen mit einem liebevollen Blick betrachten, filtern wir automatisch alle Schattenbereiche, die natürlich jeder Mensch auch in sich hat, vollkommen aus und wenden unser Augenmerk ausschließlich den schönen Seiten zu.

Am Schluss der Übung hat jeder Teilnehmer ca. achtzig bis neunzig Zettel, auf denen die positiven Eigenschaften stehen, die die anderen in ihm oder ihr gesehen haben. Diese Zettel bekommt nun jeder mit nach Hause.

Die Wirkung ist unglaublich. Am nächsten Tag berichten mir stets alle, wie tief berührt sie gewesen seien, wie beseelt und glücklich. Sie konnten gar nicht fassen, was andere Menschen alles in ihnen sahen. So manches kannten sie an sich bereits, anderes war ihnen neu und erstaunte sie vollkommen. Oft waren es Dinge, die sie von sich ahnten, aber sich nicht trauten zu leben, und manches lehnten sie ab, weil sie nicht glauben mochten, dass fremde Menschen so viele liebe Dinge in ihnen erkennen konnten.

Oft gibt es in diesen Nächten Tränen der Selbsterkennt-
nis, und nicht selten findet so mancher den Mut, endlich
lang Ersehntes anzugehen. Viele beginnen tatsächlich, ihr
Leben neu zu gestalten und das in ihnen schlummern-
de Potential auszuleben. Immer wieder, auch nach langer
Zeit, erreichen mich Mails, die berichten, welch außergewöhnliche Hilfe diese Zettel für sie sind.

Was mich bei dieser Übung immer wieder aufs Neue
verzaubert, ist, dass alle, während sie die Zettel schreiben
und den liebevollen Blick anwenden, selbst lächeln und
sich in einer Form von Glück befinden. Denn wenn wir
jemand anderen mit einem liebevollen Blick betrachten,
wecken wir auch in uns etwas Liebevolles. Der liebevolle
Blick strahlt auf uns zurück und lässt es zu, dass wir uns
selbst liebevoller betrachten.

Der liebevolle Blick ist ein sehr gutes Mittel,
uns selbst etwas mehr Liebe zu schenken.

Wenden wir den liebevollen Blick an, können wir dies auch
wesentlich länger als nur einen flüchtigen Moment tun.
Manchmal gelingt es uns, diesen wundervollen Blick für
lange Zeit zu halten. Immer dann, wenn wir bemerken, dass
wir wieder zu bewerten oder zu beurteilen beginnen, senken
wir einfach nur kurz den Blick und beginnen mit einem
neuen Anlauf.

Dies ist nicht nur in einem Seminar möglich. Es geht
ebenso in der U-Bahn, im Café oder wo immer wir mit
Menschen zusammenkommen. Durch den liebevollen
Blick beginnen wir plötzlich, all diese Menschen zu mö-

gen. Wir lächeln innerlich liebevoll, während wir sie betrachten, und fühlen uns wesentlich leichter, weil wir nicht mehr negativ bewerten.

Wir heben uns in die Schwingung von Harmonie und Schönheit.

Der liebevolle Blick beschenkt uns also auch selbst. Wir verweilen nicht länger im Feld von Bewertung und Verurteilung, von Neid und Missgunst. Wir heben uns selber auf die Stufe der Liebe. Und plötzlich begegnet man uns ebenfalls wesentlich zuvorkommender und freundlicher. Wir bieten unserer Umwelt einfach ein Resonanzfeld von Harmonie an, und es reagiert mit der gleichen Freundlichkeit.

Der liebevolle Blick verändert unsere Wahrnehmung völlig.

Natürlich können wir uns auch selbst mit diesem liebevollen Blick betrachten. Abends vor dem Einschlafen, wenn wir uns im Spiegel ansehen. Warum sollten wir uns nicht einmal selbst mit diesem liebevollen Blick beschenken? Diese kleine Geste verschafft uns ein wundervolles Gefühl uns selbst gegenüber.

Wir beginnen, uns selbst anzunehmen.

Wir söhnen uns mit uns selbst aus.

Je öfter wir uns dieses kleine Geschenk gewähren – morgens, bevor wir das Haus verlassen, unterwegs in der Reflexion einer Fensterscheibe, beim Händewaschen, beim Schminken vor einem kleinen Handspiegel oder abends beim Zähneputzen –, desto mehr werden wir zu dem, was wir in uns sehen. Ein liebenswerter Mensch mit einer unendlichen Fülle an Potential.

Und welch wunderschöne Geste wäre es, wenn du auch deinem Partner diesen Blick schenken würdest. Auch wenn ihr euch schon sehr lange kennt. Vielleicht bringt euch das die Liebe wieder zurück.

Wäre das nicht wundervoll?

Glück ist ...
die Welt mit liebevollen Augen anzusehen.

Wenn wir verliebt sind, lächeln wir der ganzen Welt zu.

Wenn wir verliebt sind, ist die Welt um uns herum
vollkommen in Ordnung.

Nichts kann uns aus dem Gleichgewicht bringen
oder uns von unserem Gefühl des tiefen Glücks abhalten.

Wenn wir die Straßenbahn verpassen, lächeln wir
und freuen uns über die Chance,
ein bisschen frische Luft zu schnappen.
Wenn der Chef uns niedermacht, freuen wir uns,
weil es uns innerlich nichts anhaben kann.

In allen Dingen, die nicht so gut laufen,
sehen wir nichts Störendes mehr.
Wir mögen sogar unseren ungeliebten Nachbarn
und seinen Hund,
der überall seine Haufen verteilt.
Und wenn wir diesmal in einen solchen treten,
dann freuen wir uns, weil dies Glück bringen soll.

Wir lächeln der ganzen Welt zu,
und die ganze Welt lächelt zurück.
Aber nicht die Welt hat sich verändert, sondern wir.

Warum verändern wir uns nicht öfter auf diese Weise?

Tu einmal das, was du dir normalerweise nicht zugestehst

Was auch immer du tust,
liebe dich dafür, dass du es tust.

Oftmals – aus scheinbar unerfindlichen Gründen – gestehen wir uns selbst nicht das zu, was uns wirklich Freude bereiten würde.

Ein ganzes Wochenende im Bett zu bleiben, am Vormittag fernzusehen, zu faulenzen oder einfach einmal einen ganzen Tag nur zu träumen.

Und wenn wir es doch tun, bezahlen wir es sehr oft mit einem schlechten Gewissen. Wir brauchen sogar manchmal die Entschuldigung einer Krankheit, um genüsslich im Bett liegenbleiben zu dürfen.

Wie oft würden wir am liebsten einfach nur entspannen und gerade in der Entspannung vollkommen *nutzlose, sinnlose* Dinge tun. Aber etwas in uns sagt uns, das darfst du nicht, wie kannst du nur, schämst du dich nicht. Wenn wir uns doch einmal dazu hinreißen lassen, dann versuchen wir nicht selten – wie ein kleines Kind –, dies vor anderen zu verheimlichen.

Ständig unter Leistungszwang, versuchen wir, unsere Pflicht zu tun, Erfolge zu erzielen, und sind auf diese

Weise immerzu beschäftigt. Oftmals mit Dingen, die unser Leben weder mental noch emotional bereichern. Alle Kreativen dieser Welt wissen, dass gerade in der scheinbar *sinnlosen* Entspannung die größten Ideen zum Vorschein kommen und oft das meiste schöpferische Potential freigesetzt wird.

> *Mach ab und zu »alles«,*
> *was angeblich nicht erlaubt ist.*

Träume, genieße, pausiere, faulenze. Geh in die Natur und starre Löcher in den Himmel, buddle im Garten, spiele mit deiner Eisenbahn. Mach einfach das, was dir Spaß macht. Geh in ein Café und beobachte Leute, probiere Hochzeitskleider an, auch wenn du gar nicht vorhast zu heiraten, bestelle drei Stück Kuchen auf einmal oder teste Betten im Möbelhaus.

Tu einmal all das, was du dir normalerweise nicht zugestehst, aber ...

Und hier kommt das große *Aber*. Tu es, genieße es, freue dich daran, aber ... hab anschließend kein schlechtes Gewissen.

Warum auch? Wenn dir diese Dinge Freude bereiten, dann ist das deine Form von Entspannung. Wenn du aber anschließend ein schlechtes Gewissen hast oder dich ärgerst, dass du zu wenig getan oder deine Zeit nicht *sinnvoll* verbracht hast, ist die ganze Entspannung umsonst gewesen.

Und lass dir von anderen nicht vorschreiben, wie du deine Freizeit zu verbringen hast. Wie du entspannst, ist schließlich einzig und allein deine ganz persönliche Sache. Nicht selten ist nämlich sogar unsere Freizeit komplett durchgeplant und eher leistungsbezogen. Wir trainieren und lernen und haben ganz bestimmte Ziele vor Augen. Oftmals sind das aber nur Ziele, die andere uns vorleben und die uns genau betrachtet gehörig unter Stress setzen.

Lass dir also nicht von anderen sagen, wie deine Freizeit auszusehen hat. Wenn andere eine andere Vorstellung von Freizeit haben oder selbst nicht entspannen können und im ewigen Dschungel von Leistung gefangen sind, ist das deren Problem. Mach es nicht zu deinem. Schließlich willst du doch dein Leben leben und nicht das der anderen.

Ich selbst benötige ebenfalls solche scheinbar *sinnlosen* Auszeiten. Früher habe ich mich dafür mit Schuldgefühlen belastet und mühsame Versuche unternommen, niemand anderen davon wissen zu lassen. So ist das eben. Wir sind so daran gewöhnt, anderen zu zeigen, wie viel wir leisten und arbeiten, dass wir fast innerlich vergehen, wenn wir einmal nichts tun.

Als Kinder hatten wir kein Problem damit, einfach nur *sinnlose* Dinge zu tun. Warum nicht auch mal als Erwachsener kindisch sein? Ich jedenfalls genieße es regelrecht, nicht immer sinnvolle, leistungsorientierte Dinge zu tun.

Ich weiß inzwischen, dass mir genau diese Momente helfen, wieder genügend Kraft zu sammeln, um mich voller Freude auf meine Aufgaben zu stürzen.

Ja, es ist wundervoll, von Zeit zu Zeit all das zu tun, was man sich normalerweise nicht zugesteht. Ja, es macht Spaß und Freude. Und birgt jede Menge Glücksgefühle. Je mehr man sich auf all die Dinge einlässt, die einem wirklich

Freude bereiten, umso freudiger wird man sich wieder der Arbeit widmen können.

Und damit bekommen alle scheinbar *sinnlosen* Dinge wieder einen durchaus tieferen *Sinn*.

Über Einstein sagt man, dass er, wenn er in einer mathematischen Gleichung nicht mehr weiterkam, einfach mit seiner Eisenbahn gespielt hat. In den Momenten, wo er wieder Kind sein durfte – und es sich selbst erlaubte –, kam ihm die Lösung fast von allein.

Glück ist ...
sich zu erlauben, wieder ein Kind zu sein.

Gelebtes Leben

Sieh dir einmal in Ruhe deine Mitmenschen an.
Wie sieht gelebtes Leben aus?

Gelebtes Leben hinterlässt Spuren und Furchen und Falten.
Gelebtes Leben besitzt auch die Erfahrung
von Kummer und Sorgen und Tränen.
Ein gelebtes Leben erhielt so manch verletzenden Hieb.
Es hat uns öfter hin und her geschüttelt.
Wir sind durch Höhen und Tiefen gegangen.
Haben Stürme überstanden.
Wir waren auch oft für andere Menschen da,
haben manchmal viel zu wenig geschlafen
und gingen oftmals über eigene Grenzen.
Ein gelebtes Leben hat oftmals Kinder großgezogen
und war in Notzeiten für seine Eltern da.

Ein gelebtes Leben hat Verantwortung getragen.

Ein gelebtes Leben ist etwas wunderbares,
wenn wir es schaffen, es auch anzunehmen.

Wenn wir uns auch für das lieben, wie wir geworden sind.

Wenn wir dies vollbringen, bekommt unser Leben
eine wundervolle Milde.

Gib den guten Dingen in deinem Leben
mehr Aufmerksamkeit als den schlechten.

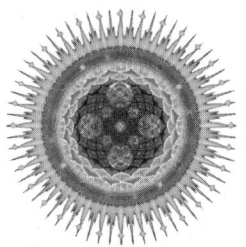

5
Glück ist ...
Hingabe

Das Schönste, was wir unserem Partner schenken können, ist, selbst glücklich zu sein

Wenn man sich dem eigenen Glück verschließt, verschließt man es auch seinem Partner.

Wenn man vor der Entscheidung steht, sich vollständig auf einen anderen Menschen einzulassen, kommen nicht selten alte, tief sitzende Muster und Befürchtungen hoch.

Diese tief sitzenden Ängste machen sich sehr oft dann bemerkbar, wenn zwei Menschen zusammengefunden haben und beginnen, ihre Liebe zueinander zu spüren. Was für andere wie ein wundervoller Glücksfall aussieht, kann unbewusste Ängste wachrufen. Auch wenn wir uns lange nach einer tiefen Liebesbeziehung gesehnt haben. »Was ist, wenn er mich wieder verlässt? Wenn seine Liebe nachlässt?«

Oft lassen wir das Glück nicht zu, weil wir befürchten, den anschließenden Verlust nicht verkraften zu können.

Nicht selten lassen wir in der Partnerschaft keine wahre Nähe zu, aus Sorge, die jetzige Liebe könnte vielleicht wieder verschwinden. Man befürchtet, verletzt zu werden;

der Partner könnte weggehen, diese Nähe mit jemand anderem erfahren wollen, und man würde – im freien, tiefen Fall – allein dastehen und sich nie wieder davon erholen.

Häufig lassen wir also diese wundervollen Glücksmomente in unserer Partnerschaft gar nicht erst zu, weil wir befürchten, sie könnten uns wieder weggenommen werden. Wir schließen uns also vorsorglich vom eigenen Glück aus. Wenn dann bald darauf die Trennung erfolgt, ist man nicht weiter verwundert. Man hat es ja schließlich schon vorher geahnt. Wie gut, dass man sich nicht ganz und gar eingelassen hat.

Die Wahrheit verhält sich jedoch genau umgekehrt. Gerade durch das Misstrauen an die eigene Zukunft entwickeln wir unsere Partnerschaft in eine Richtung, die genau das entstehen lässt, wovor wir uns so fürchten.

Wenn wir keine Nähe zulassen,
uns nicht vollständig hingeben,
rauben wir der Partnerschaft ihren tieferen Sinn.

Wir schenken unserem Partner nichts, was zu seinem Glück führen könnte. Wenn wir nicht glücklich sind, ist unser Partner es auch nicht. Er wird stets den Mangel an Nähe spüren und insgeheim befürchten, dass er vielleicht gar nicht der *Richtige* für uns sein könnte. Schließlich sind wir ja nicht wirklich glücklich mit ihm. Als Folge dieser Erkenntnis wird auch er vorsichtiger werden.

Die dabei entstehende Distanz spüren schließlich beide immer mehr. Wenn man sich dem eigenen Glück verschließt, verschließt man es auch seinem Partner. Man befindet sich plötzlich in einer Partnerschaft, in der sich keiner so recht wohlfühlt. Umso mehr wird die Angst vor einer Trennung zunehmen.

Es gibt nur einen Weg zum partnerschaftlichen Glück, und der ist, sich vollständig einzulassen. Mit Haut und Haaren. Bedingungslos – ohne Vorbehalte.

Nur das Ablegen aller Masken
bringt Authentizität und Nähe.

Wie geht man aber nun mit all seinen Ängsten um, die dabei hochkommen? Am besten, man teilt sie einfach mit. Vielleicht hat dein Partner ganz ähnliche Befürchtungen. Vielleicht hat auch er Angst, dass er eines Tages ohne deine Liebe dastehen wird. Vielleicht könnt ihr gemeinsam, Hand in Hand, durch eure Ängste hindurchgehen.

Je mehr wir lieben, desto mehr befürchten wir auch, alles zu verlieren. Aber wenn wir nicht lieben, haben wir bereits alles verloren.

Das Schönste, was wir unserem Partner schenken können,
ist, selbst glücklich zu sein.

Das gibt unserem Partner eine tiefe Sinnhaftigkeit. Nicht nur, dass wir selbst tiefe Glückgefühle empfinden, unser Partner kann an diesem Glück teilhaben und wird auf diese Weise eine immer größere Verbundenheit spüren. Wir wachsen von Tag zu Tag immer mehr zusammen.

Wir vertrauen der Zukunft. Wir kennen all die Ängste und Befürchtungen, aber wir geben ihnen keinen weiteren

Raum. Wir bekämpfen sie nicht, sondern legen sie in die gemeinsame Schale der Liebe.

Wir sagen einander: Das bin ich. Mit all meinen Sorgen und Ängsten. Das macht mich aus. Es hat nichts mit dir zu tun. Es sind meine Ängste. Sie sind ein Teil von mir. Ich bin mit ihnen vertraut, schon lange bevor ich dich kennenlernen durfte. Ich zeige mich dir. Nackt und ungeschützt, weil ich weiß, dass ich bei dir geborgen bin. Ich will jeden Moment genießen. Ich will jeden Augenblick mit dir so wahrhaftig erleben, wie es mir möglich ist.

· *Wir* lassen das Glück entstehen. Niemand sonst. Wir lassen das Glück in unserer Partnerschaft entstehen, indem wir das Glück einfach zulassen. Indem wir *uns* zulassen.
· Je mehr wir uns hingeben, je mehr wir unserem Partner zeigen, wie glücklich wir sind, desto fester und inniger wird das Gefühl der Liebe, das wir empfinden.
· Wer liebt ist glücklich.

Glück ist …
die Liebe in seinem Leben zuzulassen.

Das ganze Potenzial
der Partnerschaft leben

Je mehr wir unseren Partner
in seinen Vorhaben fördern,
desto mehr wird die Verbundenheit
in unserer Partnerschaft zunehmen.

Partnerschaften bleiben nur dann lebendig, wenn sie sich transformieren dürfen. Wenn jeder der beiden auch für sich selbst Entwicklung zulassen darf. Nur dann können wir reifen, wachsen, weiser, bewusster, wacher und lebendiger werden. Und nur dann können wir die Partnerschaft mit unserer Lebendigkeit inspirieren.

Wenn wir die Partnerschaft dagegen genauso beibehalten wollen, wie sie jetzt gerade ist, werden wir ihrer schnell überdrüssig werden. Wir werden sogar manchmal glauben, unser Partner liebt uns nicht mehr. Oder wir werden immer mehr davon überzeugt sein, dass *unsere* Liebe nachgelassen hat. Das stimmt auch meist irgendwie. Die Liebe verkümmert, wenn Menschen sich nicht verändern dürfen. Dann fühlen sie sich begrenzt und eingeengt.

Eine Partnerschaft zu haben bedeutet aber ständige Veränderung. Das Rad des Lebens nimmt uns auch in einer Partnerschaft mit auf die Reise: Wir verändern uns möglicherweise vom Liebespaar zum Elternpaar und dann zum Großelternpaar.

Vielleicht entdecken wir oder unser Partner im Laufe der Zeit Dinge an uns, die ein Teil unserer Persönlichkeit oder unseres Potenzials sind und die wir gerne ausleben wollen. Dafür benötigen wir aber genügend Freiheit und Sicherheit, um uns selbst entfalten zu können.

Wenn wir all diesen äußeren und inneren Veränderungen nicht gerecht werden, sie nicht annehmen, werden wir mit der Zeit immer unzufriedener. Wenn wir noch immer den Anfängen unserer Partnerschaft nachhängen, als wir verspielt, naiv, frisch und unerfahren waren, und diesen Zustand beständig beibehalten wollen, gestehen wir uns selbst all die nötigen Veränderungen nicht zu und wollen daher auch all die neuen anderen sinnhaften Erlebnisse nicht entdecken, die innerhalb einer veränderten Partnerschaft möglich wären und uns zu einem anderen, neuen Glück führen könnten.

Wenn wir das Gefühl haben,
dass wir uns innerhalb der Partnerschaft
nicht verändern dürfen,
werden wir die Partnerschaft nicht als glücklich empfinden.

Nicht immer müssen die Veränderungen innerhalb der Partnerschaft großartiger Natur sein. Manchmal bringen auch kleine Veränderungen völlig neues Leben in die Beziehung.

Finde etwas, das dir Freude macht. Da, wo deine Freude ist, liegt ein großer Teil deines Glücksgefühls. Wenn dein

Partner plötzlich tauchen oder tanzen lernen will, dann bestärke ihn dabei. Motiviere ihn, seine festgefahrenen Gewohnheiten zu durchbrechen und etwas Neues anzufangen. Dafür ist es nie zu spät.

Lass einfach immer wieder Veränderungen zu. Auch – oder gerade – wenn sie anfangs nicht unbedingt deine Favoriten sind. Denn schließlich ist das die Stärke eines Partners, dass er uns auf Ideen bringt, auf die wir allein nie gekommen wären.

Vielleicht möchte man wieder mehr Freunde und Bekannte einladen oder braucht etwas mehr Zeit für sich allein. Vielleicht entdeckt man seine Liebe zur Musik oder zu einer neuen Sportart. Oder man spürt plötzlich, dass man sich gern beruflich verändern würde. Oder räumlich. Oder gedanklich.

Gerade eine gedankliche Veränderung ist manchmal in einer Partnerschaft ziemlich schwer zu erreichen. Nur zu gern wärmen wir immer wieder dieselben alten Geschichten auf und verhindern so eine Veränderung. Indem man ewig wieder in der Vergangenheit liegende Muster hochholt und so lebendig erhält, behindert man eine weitere Entwicklung. Halte deswegen nicht länger an vergangenen Begebenheiten oder alten Charaktereigenschaften fest.

Halte nicht fest an Vergangenem,
sondern lass jeden Tag neu entstehen.

Wenn wir unseren Partner festhalten und einsperren, und sei es auch nur gedanklich, wird er irgendwann an den

Gitterstäben zu sägen beginnen, die wir ihm setzen. Unfreiheit sucht stets nach Freiheit.

Wenn wir dagegen die Gitterstäbe wegnehmen, macht uns das vielleicht anfangs Angst, weil wir nicht wissen, in welche Richtung die Entwicklung gehen wird, aber es vertieft unsere Partnerschaft.

Je mehr wir unseren Partner in seinen Vorhaben fördern, desto mehr wird die Verbundenheit mit ihm zunehmen. Beide werden das Gefühl von Glück erleben und sich sicher fühlen. Wer verlässt schon gern das Paradies?

Sich gegenseitig zu fördern ist eine der größten Stärken einer erfüllten Liebesbeziehung.

Das Beste, was einer Partnerschaft also widerfahren kann, ist Veränderung. Nur in der Veränderung können wir unser ganzes Potential entfalten. Das bringt manchmal Reibung mit sich. Manchmal werden wir auch verunsichert sein, weil wir nicht genau wissen, wohin die Entwicklung die Partnerschaft führen wird.

Aber wenn wir unsere Partnerschaft lebendig halten wollen, ist es wichtig, neue Erfahrungen immer wieder zuzulassen. Sie in unser Leben einzuladen. Sich ständig selbst dazu zu inspirieren. Was traue ich mich nicht? Was habe ich noch nicht gemacht? Was würde mir noch Spaß machen? Wohin geht meine Sehnsucht?

Wenn man wachsen kann, dann wächst auch die Partnerschaft.

Das Gleiche gilt für deinen Partner. Wenn er sich weiterentwickeln darf, entwickelt sich auch die Verbundenheit und das gegenseitige Vertrauen. Es gibt nichts mehr, das man verheimlichen müsste. Man darf sich so zeigen, wie

man wirklich ist. Mit all seinen Sehnsüchten und Hoffnungen. Und mit all den neuen unbekannten Dingen, die
man gerade erst an sich selber entdeckt.

Glück ist ...
stets etwas Neues am Partner
entdecken zu dürfen.

Zum Seelenpartner wachsen

*Manchmal haben wir den Seelenpartner
bereits an unserer Seite und erkennen ihn nicht.
Um den Seelenpartner zu erkennen,
braucht man Zeit und Vertrauen,
Nähe und Verbundenheit.*

Glückliche Paare werden oft nach dem Geheimnis ihres Glücks befragt. Jedes Paar hat dafür eine andere Antwort. Meine ganz persönliche Antwort ist eine ganz einfache. Ich habe mich vor siebzehn Jahren dafür entschieden. Ich wollte endlich eine erfüllende Beziehung führen, in tiefer Liebe, gegenseitiger Achtung, Nähe, Offenheit und Ehrlichkeit – ich wollte mich nicht mehr mit weniger zufriedengeben. Ich wollte endlich beziehungsfähig werden.

Bis zu dem damaligen Zeitpunkt war ich stets in Partnerschaften, in denen ich unsicher und unschlüssig war, ob ich wirklich den richtigen Partner erwischt hätte. Vielleicht gab es da draußen noch einen anderen, besseren, tolleren Menschen – dachte ich –, der noch wesentlich besser zu mir und meinen Bedürfnissen passen würde. Einen Menschen, der mich wesentlich besser verstehen würde, mit dem ich wesentlich weniger Probleme hätte und der mich natürlich auch noch viel mehr begehren würde. Einen Menschen also, der mir ständig verliebt in die Augen sehen und mir jeden Wunsch von den Lippen ablesen würde.

Schon in den ersten größeren Problemen, die in der Partnerschaft auftauchten, sah ich den Beweis, dass dies nicht wirklich mein Seelenpartner sein könnte. In mir gab es dann meist die Gewissheit, dass ich mich gar nicht wirklich in der richtigen Partnerschaft befand, nach der ich mich eigentlich sehnte.

Umso mehr verlangte etwas in mir nach dem Menschen, der irgendwo da draußen umherschwirrte, ebenfalls auf der Suche nach mir war und mit dem ich endlich all das erleben könnte, was ich mir so sehr wünschte: eine wahre, tiefe Liebesbeziehung zu führen.

Natürlich nahmen durch diese Einstellung die Probleme in meinen bestehenden Partnerschaften mit jedem Tag zu. Immer öfter entdeckte ich Unzulänglichkeiten, Dinge, die mir nicht gefielen, die mich auf Distanz gehen ließen und die mir klarmachten, dass das wahre Liebesglück nicht dort zu finden sei, wo ich es ursprünglich angenommen hatte.

Je mehr ich nun auf Distanz ging, umso mehr zerbrach etwas in der Partnerschaft. Das gegenseitige Vertrauen ließ nach, die Geborgenheit, die Sicherheit, das gemeinsame Zugehörigkeitsgefühl und das verbindende Gefühl der Liebe.

Schon bald war sich der Partner, der mich doch mal geliebt hatte, sicher, dass er wohl ebenfalls den falschen Partner erwischt hätte. Und so saßen wieder einmal zwei Menschen in einer Sackgasse. Beide wussten, dass irgendwann die Trennung vollzogen werden würde, die doch schon lange vorher begonnen hatte. Das einstige Glück stand plötzlich auf sehr wackligen Füßen. Ein jeder schielte nach dem rechten Zeitpunkt, den besten Absprung zu schaffen. Manchmal war ich es, weil ich glaubte, endlich den richtigen Partner in meinem Leben gefunden zu haben. Manchmal war ich auch zu feige für eine Trennung und wartete, bis meine Partnerin den Ausstieg wagte und ich auf diese Weise moralisch einwandfreier aus der ganzen Sache herauskam.

Wahres Liebesglück ist immer eine Frage der Entscheidung.

In Wahrheit hatte ich mich bis zu diesem Zeitpunkt nie für dieses wahre Liebesglück entschieden. Der Gedanke an den Seelenpartner ließ mich ständig in Lauerstellung verharren. Und da all meine Partnerinnen nach der ersten Phase des Verliebtseins auch immer mehr ihre Schattenseiten offenbarten und ich dabei rasch an meine persönlichen Grenzen stieß, war ich ziemlich bald wieder mit einem Fuß draußen aus der Beziehung.

Dabei war ich mir natürlich keiner Schuld bewusst. Ich schloss mich einfach nur der allgemein gültigen Meinung an. Der Seelenpartner würde mit einem nicht streiten, nicht kämpfen, alles wäre in vollkommener Harmonie. Mit dem Seelenpartner ist man eins, man fühlt sich ihm verbunden, lässt sich fallen, wird aufgefangen und ist einfach nur noch glücklich.

Aber genau diese Erwartungshaltung und festgefahrene Vorstellung vom absolut perfekt passenden, einzigartigen, fast *übermenschlichen* Seelenpartner verhindert jegliche Entwicklung in der Partnerschaft, die man haben könnte.

Denn auch zwischen Seelenpartnern gibt es Meinungsverschiedenheiten, Auseinandersetzungen und Krisen. Wenn zwei Menschen zusammenkommen, dann treffen sich immer zwei Individuen, die nach Gemeinsamkeiten suchen, ohne sich selbst verlieren zu wollen. Jeder Partner wird uns also zu einem Teil unglaublich nah und seelenverwandt sein und zu einem anderen Teil fern und unverständlich bleiben.

Auch unser Seelenpartner.

Wenn wir jedoch nicht akzeptieren, dass unser Partner ein eigenständiges Wesen ist und auch bleiben soll, dass er *freiwillig* bei uns ist und *freiwillig* seine Zeit mit uns verbringt und trotz aller Nähe und Verbundenheit dennoch ein selbstständiger Mensch bleiben muss, damit er sich nicht selbst aufgeben muss, werden wir im Anderssein immer nur nach Fehlern suchen.

> *Sobald die Fehlersuche beginnt,*
> *beginnt auch die Trennung.*

Genau genommen entscheiden wir uns, sobald die Fehlersuche beginnt, für unser partnerschaftliches Unglück. Man ist in Hab-Acht-Stellung auf all die Dinge, die nicht funktionieren. Man legt sein Augenmerk immer mehr auf die Punkte des Getrenntseins und befindet sich von da an unbewusst auf der Suche nach Beweisen, warum es auch diesmal nicht klappen wird.

Der Blickwinkel ist auf den Mangel ausgerichtet. Man

sieht gar nicht mehr den Menschen, wie er wirklich ist, sondern beurteilt ihn nur noch danach, ob er in dem Sinne funktioniert, wie man ihn haben will.

All die Eigenschaften, die in unseren Anspruchskatalog passen, lieben wir, alle anderen lehnen wir ab. Wir arbeiten also insgeheim daran, unseren Partner so zu verändern, dass er sich nahtlos in unser Leben einfügen kann, ohne dass wir uns selbst ändern müssen. Unser Partner arbeitet natürlich ebenso fleißig daran, seine Vorstellung von einem Zusammenleben durchzusetzen.

Und schon haben wir zwei Menschen, die ständig miteinander kämpfen und scheinbar nicht zueinander *passen*.

In Wahrheit geht es um Macht, um das Bewahren von Positionen, um Bewertungen und Rechthaben. Es geht um alles, nur nicht um Liebe.

Auf diese Weise steuern wir also unbewusst, aber dennoch ganz gezielt auf den Verlust unserer einstigen Liebe. Aus der Fülle der unterschiedlichen Eigenschaften, aus dem Reichtum, den uns der Partner gerade durch sein Anderssein bieten könnte, filtern wir nur noch die Bereiche heraus, die auf ein unheilvolles Ende zusteuern.

Und somit kommen wir zur eigentlichen Wahrheit des Seelenpartners. Den perfekten, wundervollen, immer verständnisvollen, treuen, loyalen, ehrlichen, großzügigen, weisen Seelenpartner gibt es zwar, aber nur unter einer Voraussetzung. Wir sollten ihm den Raum geben, sich zu einem Seelenpartner hin entwickeln zu dürfen. So wie auch wir selbst Raum und Vertrauen brauchen, um uns zu einem Seelenpartner entwickeln zu können.

Zum Seelenpartner entwickelt man sich erst. Aber dazu

braucht man Zeit und Vertrauen, Nähe und Verbundenheit. Vielleicht lebst du ja schon mehrere Jahre mit deinem
Seelenpartner zusammen und erkennst ihn nicht.

Die wahre Liebe beginnt erst,
wenn die Verliebtheit nachlässt.

Solange wir uns in der ersten Phase der Verliebtheit befinden, können wir nicht *wirklich* lieben. Wir nehmen
unseren Lebenspartner gar nicht so wahr, wie er wirklich
ist, sondern nur so, wie wir ihn gerne wahrnehmen *wollen.*
Wir schweben auf Wolken, die Hormone laufen Sturm,
und wir nehmen nur die für uns positiven Eigenschaften wahr. Die Sehnsucht, mit diesem geliebten Menschen
zusammenzukommen, ist so groß, dass wir nur noch die
Gemeinsamkeiten sehen wollen. Es soll nur ja nichts Tren-
nendes aufkommen. Wir fühlen uns zu diesem Menschen
unglaublich hingezogen. Wir sind verliebt, und jede Faser
unseres Wesens strebt ihm zu.

Und da alles Trennende uns ziemliche Angst bereiten
würde, filtern wir alles Negative aus unserer Wahrnehmung heraus. Wir betrachten nur das Positive. In der
Verliebtheitsphase schwingen wir auf einer glücksbeseelten
Ebene, die nur nach Gemeinsamkeiten sucht. Schließlich
hoffen wir, von unserem bisherigen Unglück befreit zu
werden, und genau dabei soll uns das Objekt der Begierde
helfen.

Aber wie wir alle wissen, lässt in jeder Partnerschaft
die Verliebtheitsphase nach. Und plötzlich entdecken wir
Dinge, die wir vorher gar nicht gesehen haben. Mit denen

wir auch gar nicht gerechnet haben. Das ist der Moment, wo wir unseren Partner zum ersten Mal wirklich so sehen, wie er ist. Das ist der Moment, wo wir anfangen könnten, uns für die Liebe zu entscheiden. Die wahre Liebe besteht nämlich nicht von Anfang an. Sie wächst.

Und damit kommen wir wieder zurück zu unserem Seelenpartner. Denn erst jetzt hat der Mensch an unserer Seite die Möglichkeit, zu unserem Seelenpartner zu werden.

All das kann aber nur entstehen, wenn wir dem geliebten Menschen das Gefühl geben, dass alles, was er uns anvertraut, bei uns sicher und gut aufgehoben ist, dass wir ihn nicht beim ersten Streit oder bei der ersten Krise verlassen und weglaufen werden, sondern dableiben. Wenn wir ihm Treue, Verlässlichkeit und Vertrautheit schenken.

Dies bedingt aber eine klare Entscheidung. Ich habe mich vor siebzehn Jahren dazu entschieden. Ich habe mich entschieden, Nähe zuzulassen, zu meinem Wort zu stehen und dazubleiben. Mir auch meine eigenen Schattenseiten zu besehen, auch wenn dies nicht leicht ist, denn wer möchte sich schon in einem negativen Licht betrachten.

Ich habe mich auch entschieden, die dunklen Seiten meines Partners zu betrachten, mit aller Fürsorge und Liebe, ohne sie sofort persönlich zu nehmen.

Ich habe mich dazu entschieden zu akzeptieren, dass mein Partner ein eigenständiger Mensch ist, der freiwillig bei mir ist und mir das wundervolle Vertrauen entgegenbringt, mir auch seine Schattenseiten zu offenbaren. Denn auch für ihn ist es wahrlich nicht leicht, sich von dieser Seite aus betrachten zu lassen.

Ich habe die Partnerschaft nicht eine einzige Sekunde

in Frage gestellt. Nicht ein einziges Mal. Ich habe alle anderen möglichen Partnerschaften und Beziehungen, die natürlich auch jederzeit möglich gewesen wären, aus meinem Leben ausgeklammert. Es gab für mich nur noch diese eine.

Erst mit dieser Entscheidung entstand das tiefe Gefühl von Liebe. Erst mit dieser Entscheidung entstand das Liebesglück. Glück in der Partnerschaft ist also in erster Linie eine Frage der Entscheidung.

Erst wenn man all die Unzulänglichkeiten, die jeder Mensch mit sich bringt, aushält und mit einem wohlwollenden Lächeln darüber hinwegsehen kann, erst dann kann der Partner auch *unsere* Unzulänglichkeiten aushalten und über *unsere* Schwächen hinwegsehen. Erst dann fängt man an, sich nicht mehr gegenseitig zu bekämpfen. Man braucht dem anderen nicht mehr zu zeigen, dass man Recht hat und gewinnen kann.

Wenn nur einer siegt,
verlieren beide.

Wenn zwei Menschen zu Seelenpartnern werden, gibt es kein Rechthabenwollen mehr. Jeder ist anders, einzigartig und wunderbar in seinem Anderssein. Und er darf es auch bleiben.

Denn wenn man einmal diese tief verbindende Liebe in sich gespürt hat, ist die daraus erwachsende Kraft wesentlich größer und stärker, als jedes Rechthaben jemals sein könnte.

Recht haben zu wollen trennt zwei Menschen. Die Liebe

dagegen sieht über diese Dinge hinweg. Nimmt sie nicht wirklich ernst. Alles, was in der Partnerschaft an Negativem stattfindet, wird einfach nicht so ernst genommen, dass es die Partnerschaft gefährden könnte.

Vor allem aber, und hier steht unsere Entscheidungskraft an erster Stelle, vor allem aber betrachten wir nur das, was die Partnerschaft fördert, was ihr hilft, was ihr nützlich ist und sie vorantreibt. Jeden Tag gibt man den Dingen, die wundervoll laufen, den größeren Stellenwert.

Man sollte stets mehr Positives in die Waagschale legen als Negatives. Immer wieder sollte man sich auf das konzentrieren, was die Partnerschaft an Fülle und Reichtum bietet und welche Qualitäten man nur in dieser Partnerschaft ausbilden und zeigen kann. Zu welcher Größe man nur durch diese Partnerschaft fähig ist. Jeden Tag sollte man seinen Partner spüren lassen, dass man für ihn da ist und dass dieses Für-ihn-da-Sein nicht abhängig ist von Stimmungen, Unzulänglichkeiten oder kurzfristigen Ärgernissen.

Das tiefe Wissen, nicht in einem Bewertungssystem zu stecken, welches beständig darüber entscheidet, ob die Partnerschaft aufrechterhalten wird oder nicht, lässt einen vollkommen frei und fließend jeden Tag bewusst erleben.

Durch die klare Entscheidung für diese Partnerschaft als die einzig mögliche in seinem Leben fühlt sich der Partner geborgen und aufgehoben und öffnet sich uns mit jedem Tag ein bisschen mehr.

Und plötzlich ist es keine Frage der Entscheidung mehr, sondern es ist etwas gewachsen, etwas, auf das man zurückblicken kann, das einem Kraft gibt für größere Dinge, die vielleicht jetzt anstehen.

Vielleicht hast du ja bereits deinen Seelenpartner an deiner Seite. Dann musst du ihm nur noch die liebevolle Zuwendung schenken, die er braucht, um sich auch zu so einem Seelenpartner entwickeln zu können.

Glück ist ...
sich zum Seelenpartner entwickeln zu dürfen.

Mit Freunden
ist man überall zu Hause

Erst wenn wir beginnen,
uns mit anderen zu verbinden,
nehmen wir uns selbst wahr.

Freunde sind ein wesentlicher Bestandteil unseres Lebens. Durch sie fühlen wir uns sicherer und glücklicher.

Je mehr wir uns mit Menschen umgeben, die uns mögen und akzeptieren, die an uns und unserer Meinung interessiert sind und sich gern mit uns austauschen, desto mehr werden wir das Gefühl von Anerkennung und Zufriedenheit spüren.

Glück breitet sich dort aus, wo wir mit anderen eins sind.

Dort fühlen wir uns verbunden. Auch wenn es in unserem Leben einmal nicht so gut läuft.

Jeder von uns hat die tiefe Sehnsucht, sich mit anderen auszutauschen. Denn Glück beinhaltet auch zu reden, sich mitzuteilen und von anderen verstanden zu werden.

Unglücklich wird, wer alles in sich hineinfrisst und still und stumm alle Sorgen in seiner Seele begräbt, anstatt sie herauszulassen.

Kommunikation verbindet. Die richtigen Worte schaffen Vertrauen. Seine eigenen Enttäuschungen, Niederlagen oder Verletzungen anderen mitteilen zu können, auch mit ihnen gemeinsam Tränen weinen zu können, gibt uns ein Gefühl der Sicherheit und Geborgenheit.

Manchmal wollen wir in unserer Trauer auch nur im Arm gehalten werden oder schweigend einen Spaziergang machen. In dieser Stille spüren wir die Verbundenheit, die unsere Seele nährt.

Aber auch die schönen Momente wollen wir mitteilen – mit jemand anderem teilen –, wollen erzählen, voller Freude und Euphorie. Manchmal sprudeln die Worte vor lauter Überschwang dann nur so aus uns heraus. In diesen Momenten sind wir glücklich.

Glück ist, seine Entdeckungen und Eindrücke zu teilen – mit dem Finger auf etwas zu deuten, das wir entdeckt haben, und den anderen nach seiner Meinung dazu zu befragen. Uns gemeinsam aufzuregen, uns gemeinsam zu empören, uns gemeinsam zu belustigen oder etwas gemeinsam für lächerlich zu befinden, lässt uns am Leben teilhaben. Sich zu reiben, Unterschiede herauszustreichen oder Gemeinsamkeiten zu entdecken.

Wir brauchen das Spiegelbild der Menschen, die uns wohlgesonnen sind. Auf diese Weise lassen wir wesentlich rascher Entwicklung zu. Wir können unsere Erlebnisse leichter verarbeiten. Ob Trauer, Wut oder Resignation, ein schmerzlicher Verlust oder eine große Ungerechtigkeit, mit Freunden an unserer Seite können wir wesentlich leichter wieder aufstehen und weitergehen.

Wir bleiben nicht so lange alten Dingen verhaftet, kön-

nen im Austausch mit Freunden wesentlich leichter loslassen. Wir lassen uns inspirieren und mitreißen, kommen
auf neue Ideen und berichten auch Intimes, das wir sonst
niemand anderem anvertrauen können.

Voller Liebe geführte Gespräche stellen oft vieles klar,
rücken Dinge zurecht, lassen uns mutiger werden oder
befreiter. Nehmen den Problemen oft ihre Schwere. Wir
wissen, wo wir stehen, und hören von anderen, wie sie mit
Konflikten umgegangen sind. Das schafft Sicherheit und
bestärkt uns in unserem Sein.

Kommunikation ist die wesentlichste
Antriebsfeder zu unserem Glück.

Auf der anderen Seite umgeben wir uns oft mit Menschen,
die uns eigentlich gar nichts bedeuten. Diese Menschen
werden uns in unserem Leben nicht bereichern können.
Wir werden mit ihnen auch keine wirklichen Glücksgefühle erfahren. Nicht selten sind wir nur mit ihnen zusammen, weil wir nicht allein sein wollen. Das ist für eine
gewisse Zeitspanne durchaus in Ordnung so, nur glücklich
werden wir dadurch nicht.

Glücklich sein heißt, angenommen und verstanden zu
werden. Und das können wir nur, wenn wir die Tiefe einer
wahren Freundschaft spüren. Wenn wir uns zeigen können, wenn wir uns nicht zu verstecken brauchen, wenn wir
wahrhaftig und ehrlich sein dürfen.

Und wenn wir wissen, dass sie uns auch zur Seite stehen,
wenn es uns einmal nicht so gut geht.

Einen meiner schönsten Glücksmomente habe ich vor

vielen Jahren erfahren, als ich im tiefsten Unglück steckte und nicht wusste, wie es weitergehen sollte.

Es war zwei Tage vor Weihnachten, als ich mit Hilfe von Freunden umzog. Ich hatte einen LKW gemietet, den wir bis auf den letzten Zentimeter vollluden. Aber auf dem Weg in mein neues Heim verunglückte ich und fuhr den Laster zu Schrott. Ebenso war mein gesamtes Hab und Gut auf einen Schlag vernichtet.

So saß ich kurz vor Weihnachten in meinem kleinen neuen Haus auf dem Land, das ich kurz zuvor durch einen Kredit finanziert hatte und das sich noch im Rohbau befand. Ohne Möbel saß ich auf einem kleinen Kissen vor der einzigen Heizquelle, einem kleinen Schwedenofen.

Völlig überschuldet musste ich nun auch noch die Summe für den LKW aufbringen. Eine Zahlung, die mir nicht möglich schien. Vom Haus war ebenfalls noch kein Pfennig getilgt.

An Weihnachten war ich der unglücklichste Mensch auf dieser Erde und besuchte meinen Bruder, der mir ebenfalls beim Umzug geholfen hatte und nun deswegen im Krankenhaus lag.

Als ich betrübt wieder nach Hause zurückkam, geschah das Wunder. Meine Freunde hatten sich heimlich einen Hausschlüssel besorgt, und als ich das Wohnzimmer betrat, traute ich meinen Augen nicht.

Meine Freunde hatten sich still und leise zusammengetan, und jeder hatte sein liebstes Möbelstück gespendet und damit mein Zimmer etwas wohnlich eingerichtet. Neben dem eingeheizten Schwedenofen stand ein kleiner geschmückter Weihnachtsbaum, unter dem auch noch schön

verpackte Geschenke lagen. Auf einem Glastisch standen
eine Flasche Wein, Kekse und ein herrlicher Fresskorb.

Mir kamen vor Freude die Tränen. Ich war einfach
nur noch glücklich. Ich hatte Freunde, die mich liebten,
die sich um mich sorgten. Ich war reich und erfüllt. Diese Weihnachten waren wohl die schönsten Weihnachten
meines Lebens.

Ich spürte nur noch diese Liebe. Was wog schon alles
andere. Alles andere würde sich schon fügen.

Aber Freundschaften entstehen nicht von selbst. Wir
müssen etwas dafür tun. Vor allem müssen wir Zeit inves-
tieren. Freundschaften wollen gepflegt werden. Sie stehen
nicht einfach so zur Verfügung, wenn wir sie brauchen,
sondern nur, wenn wir sie mit uns zusammen wachsen
lassen.

Suchst du wahre Freunde, sei einer.

Biete anderen deine Hilfe und deine Zeit an. Deine Achtung und Anerkennung. Hab stets ein offenes Ohr für sie
und werde dem Vertrauen, das man dir entgegenbringt,
gerecht. Das ist der schnellste Weg, um das Glück wahrer
Freundschaft zu erleben.

Sei nicht nur passiv, sondern zeige, dass dir die Meinung
anderer wichtig ist, dass sie eine Bereicherung in deinem
Leben sind. Gib ihnen das Gefühl, stets willkommen zu
sein, und zeige, dass du den Austausch mit ihnen liebst
und brauchst. Lass sie spüren, dass dein Leben durch sie
schöner und reicher wird.

Wenn wahre Freunde uns durchs Leben begleiten, wird

unser Leben einfach glücklicher. Erweitere dein Feld von Freunden und Bekannten. Dann wird dein Leben auch dir wieder Spaß machen.

Glück ist ...
mit Freunden beschenkt zu sein.

Warte nicht auf etwas Besseres

Viele Menschen warten in einer bestehenden Partnerschaft
innerlich insgeheim auf etwas »Besseres«.

Woanders ist es aber in Wirklichkeit gar nicht besser.
Sondern immer nur anders.

Andere Beziehungen haben andere Probleme,
die wir natürlich nicht wahrnehmen können.
Wir erkennen also nicht die ganze Wahrheit,
sondern immer nur das, was wir sehen wollen.

Was willst du in deiner Partnerschaft nicht sehen?

Und: Was, glaubst du, wäre mit einem neuen Partner besser?

Biete dieses Potenzial in deiner eigenen Partnerschaft an,
und du wirst es haben.

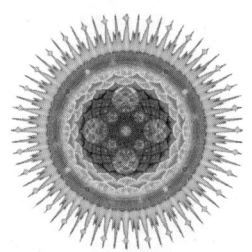

Betrachten wir unser Leben als unglücklich,
werden wir nicht nur alles aus diesem
Blickwinkel heraus beurteilen,
sondern noch mehr Unglück in unser Leben ziehen.

Betrachten wir unser Leben als glücklich,
werden wir aus der Fülle an Möglichkeiten schöpfen
und jedes Detail als Bereicherung ansehen.

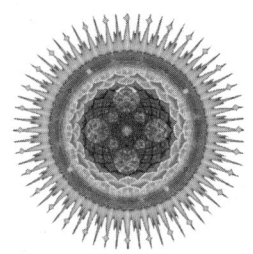

6
Glück ist ...
eine Entscheidung

Nicht das Glück kommt zu uns, sondern wir bewegen uns zu unserem Glück

Glück entsteht oft durch Aufmerksamkeit
in kleinen Dingen,
Unglück oft durch Vernachlässigung
kleiner Dinge.
WILHELM BUSCH

Der Verstand hat eine ziemlich vorgefertigte Meinung über Glück. Für den Verstand ist Glück nämlich etwas, das ziemlich schwierig zu bekommen ist. Er ist auch davon überzeugt, dass Glück irgendein großes Ding sei, also etwas Gewaltiges, das von außen mit einem Superknall über einen hereinbrechen muss.

Wahres Glück funktioniert aber nicht so. Glück kommt nicht einfach so auf uns zu. In das wahre Glück bewegen *wir* uns hinein. Fließend, leicht und heiter, zumindest, wenn es dauerhaft halten soll.

Wir bewegen uns.

Nicht das Glück kommt zu uns,
sondern wir bewegen uns zu unserem Glück.

Wir verändern uns fast unmerklich. Aber dafür dauerhaft. Wir verändern unser Resonanzfeld und ziehen uns damit in das Feld des Glücks.

Glück, das mit einem großen lauten Knall, vielen bunten Luftballons und einer überraschenden Plötzlichkeit über uns hereinfällt, hat meist nur flüchtigen Charakter und verschwindet ebenso schnell wieder aus unserem Leben, wie es gekommen ist.

Dauerhaftes Glück besteht aus einem Fluss vieler Dinge.

Und die meisten dieser Dinge können wir selbst beeinflussen.

Glück ist …
sein Leben selbst in die Hand zu nehmen.

Glück ist eine innere Haltung

Man hat verschiedene Menschen
nach ihrem Glücksgefühl befragt.
Dabei kristallisierte sich Folgendes heraus:

Unglücklich
waren oft jene Menschen,
die vielleicht sogar reich und erfolgreich waren,
aber innerlich arm.
Dies äußerte sich meist so, dass sie geizig, engstirnig,
borniert, verschlossen und abgekapselt waren
oder sich als etwas Besseres fühlten als andere.

Glücklich
waren dagegen jene Menschen,
die hilfsbereit, gütig, voller Mitgefühl
und stets für andere Menschen da waren.

Unglücklicher
waren jene Menschen,
die selbstbezogen waren, sich von anderen Menschen
abgrenzten und in ihren Mitmenschen Konkurrenten
oder gar Feinde sahen.

Glücklicher dagegen waren,
unabhängig von ihrem Status, ihrem Wohlstand
oder ihrer sozialen Position
jene Menschen, die lebensbejahend waren, flexibel,
auf andere Menschen zugehen konnten,
ihre Kreativität auslebten
und stets aufgeschlossen für Neues waren.

Beide Gruppen, die Glücklichen und die Unglücklichen,
hatten ähnliche Schicksalsschläge erlitten.

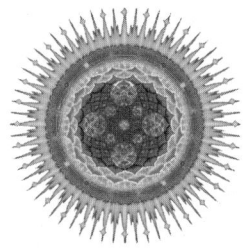

Jeder kann glücklich sein – hat wahres Glück vielleicht gar nichts mit äußeren Umständen zu tun?

*Vor meiner Krankheit
fand ich das Leben langweilig.
Jetzt bin ich glücklich.*
STEPHEN HAWKINS

Vor einigen Wochen schrieb mir eine junge Frau eine lange Mail. Von ihren Worten ging so viel Optimismus und Lebensfreude aus, dass ich neugierig wurde und auf ihrer Homepage zu stöbern begann.

Sie hieß Ute Kaiser und war Sängerin, und man konnte sich dort einige Beispiele ihrer Musik anhören. Ihre Musik verzauberte mit der gleichen Lebensfreude und Lebensbejahung wie ihre lange Mail, die sie an mich geschrieben hatte. Ihre Musik war so positiv, ihre Stimme so kraftvoll und klar, dass ich mehr über sie wissen wollte und mich auf den anderen Seiten ihrer Homepage umsah.

Umso größer war mein Erstaunen, als ich in ihrer Fotogalerie erkennen konnte, dass diese Frau im Rollstuhl saß. Ich war vollkommen überrascht, weil ich die Strahlkraft dieser Frau nicht in Verbindung mit einem Rollstuhl brachte. Diese Frau schien nicht die gleiche Trauer in sich zu tragen, die ich mit einem Leben im Rollstuhl verband.

Ich schrieb ihr zurück, sagte ihr, wie wundervoll ich sie als Sängerin fände, und beschrieb ihr meine Überraschung, als ich auf ihrer Fotogalerie gelandet war. Ich sagte ihr, dass ich mich an den Autor Ken Keyes erinnert fühlte, dessen Ratschläge in Sachen Lebensfreude und Glück mich gut zwanzig Jahre zuvor dazu gebracht hatten, seine Regeln für mich selbst anzuwenden.

Damals war ich ebenso überrascht gewesen, als ich am Ende seines Buches feststellte, dass auch dieser Mann durch eine Kinderlähmung, die er in ganz jungen Jahren bekommen hatte, an den Rollstuhl gefesselt war. Ich war erstaunt, dass diese äußeren Umstände nichts am Glücksempfinden dieses Mannes hatten ändern können.

Dabei fiel mir auch der deutsche Saxofonist Klaus Kreuzeder wieder ein, der ebenfalls in einem Rollstuhl saß und mit allen Größen dieser Welt auf der Bühne musizierte. Ich hatte Platten von ihm und habe ihn einmal vier Stunden live mit Sting auf der Bühne gesehen. Auch dieser Mann versprühte mit seiner Musik eine unglaubliche Lebensfreude.

Glücksgefühle zu empfinden und glücklich zu sein, hat also ganz offensichtlich nichts mit äußeren Umständen zu tun.

Ich erinnere mich noch ganz gut an eine große Studie, die man vor langer Zeit in Amerika durchgeführt hat. Man wollte herausfinden, ob reiche und schöne Menschen glücklicher seien als Kranke und Arme. Vor allem wollte man wissen, ob Menschen, die gerade im Lotto gewonnen hatten, größeres Glücksempfinden besaßen als Menschen, die an den Rollstuhl gefesselt waren.

Zu diesem Zweck bekam jeder, der an der Untersuchung teilnahm, einen kleinen Piepser, der sich – ich glaube, es waren alle 10 Minuten – meldete und die Teilnehmer aufforderte, ihr gegenwärtiges Glücksempfinden in eine Tabelle einzutragen.

Das Ergebnis war absolut erstaunlich. Es gab keinen Unterschied. Reiche und Arme, Gesunde und Kranke hatten fast identische Gefühle in Bezug auf ihr Glücklichsein.

Diese Studie, die inzwischen als Klassiker der Glücksforschung gilt, zeigt, dass die Lebensumstände eine weitaus geringere Rolle spielen, als wir bisher angenommen haben. Wesentlich wichtiger ist, was wir aus diesen Lebensumständen machen.

Wenn jemand im Lotto gewinnt, dann springt sein Glücksempfinden zwar für kurze Zeit extrem nach oben, aber bereits einige Wochen später stellt sich das gleiche Glücksniveau wieder ein, das er vorher hatte.

Erlebt man dagegen ein großes Unglück, rauscht man natürlich zunächst in ein emotionales Tief. Aber auch hier stellt sich nach kurzer Zeit wieder ein ganz ähnliches Empfinden ein, das man bereits vorher hatte.

Die äußeren Umstände machen uns vielleicht kurzfristig glücklich oder unglücklich. Auf lange Sicht aber zählt immer nur unsere innere Einstellung.

Wesentlich ist immer nur, aus welchem Blickwinkel wir unser Leben betrachten.

Jemandem, der gerade verlassen wurde, nützt es wenig, an den schönsten Plätzen dieser Erde zu verweilen, weil er nur an sein Unglück denkt.

Auf der anderen Seite kann man schwere Zeiten und unglückliche Umstände viel besser bewältigen, wenn man innerlich harmonisch und zufrieden ist.

Das Glück entsteht aus einer inneren Haltung heraus.

Vor vielen Jahren, als mein Vater völlig überraschend durch einen Autounfall ums Leben kam und mich zur gleichen Zeit meine damalige Lebensgefährtin wegen eines anderen Mannes verließ, wurde ich von heute auf morgen ins tiefste Unglück gestoßen. Ich zerging in meinem Schmerz, verstand die Welt nicht mehr, fühlte mich verloren, vom Schicksal ungerecht behandelt und sah keine Sinnhaftigkeit mehr in meinem Tun und Handeln. Auch alle materiellen Dinge, die ich angehäuft hatte, zählten in diesem Moment nicht mehr.

Genau zu dieser Zeit, als ich also alle Gründe dieser Welt hatte, unglücklich zu sein, las ich ein Buch, in dem ein Gebet stand, das mir nicht mehr aus dem Kopf ging. Selbst am nächsten Tag, als ich erwachte, war das Gebet noch immer präsent. Ich schlug das Buch erneut auf und las das Gebet ein weiteres Mal. Und plötzlich war es so, als hätte jemand einen Lichtschalter umgelegt.

Plötzlich fiel alles von mir ab, und ich fühlte mich glücklich, voller Strahlkraft und Freude. Ich fing an zu tanzen, zu singen, ich lachte, ich betrachtete die Dinge, die um mich waren, mit vollkommen anderen Augen. Alles bekam einen tiefen Sinn. Es war faszinierend, wie selbst die kleinsten Dinge des Lebens mir plötzlich unglaublich viel Freude bereiteten.

Dieser Zustand tiefen Glücks hielt lange an. Obwohl sich an meinem äußeren Zustand nichts geändert hatte, war ich glücklich. Etwas in mir, mein Blick auf die Welt, hatte sich verändert. Dieser veränderte Blickwinkel brachte mir ein tiefes Gefühl von Glück und Zufriedenheit.

Erst wenn wir in Frieden mit uns selbst sind, wird sich ein Gefühl von Glück und friedvoller Heiterkeit einstellen. Gleichgültig, wie unsere äußeren Umstände sind.

**Glück ist ...
für jeden von uns erreichbar.**

Macht mich
dies auf Dauer glücklich?

Wahres Glück erlangen wir nicht,
wenn wir auf Dinge verzichten,
sondern wenn wir die wahren, richtigen Werte
in unserem Leben bejahen.

Wir alle lieben Vergnügungen. Manchmal empfinden wir dabei sogar so etwas wie ein Glücksgefühl. Für manche löst zum Beispiel ein Fußballspiel Glücksgefühle aus, vor allem wenn die heimische Mannschaft gewinnt. Andere lieben die rasante Fahrt einer Achterbahn oder den Genuss eines wundervollen Essens. Manche empfinden Glück beim Betrachten eines spannungsgeladenen Films, beim Glücksspiel oder beim Kauf des Autos oder der lang ersehnten Handtasche.

Hört sich eigentlich alles ganz gut an. Der Nachteil bei den meisten Vergnügungen ist aber, dass das dabei entstehende Glücksgefühl nicht lange anhält. Wir brauchen ständig neue Impulse von außen, um dieses Glücksgefühl wieder zu spüren.

Noch viel unangenehmer ist, dass viele dieser Vergnügungen uns kurz danach sogar ein richtig ungutes Gefühl verursachen. Viele empfinden zum Beispiel nach dem Vergnügen, das sie beim sexuellen Stelldichein empfunden haben, erneut tiefe Einsamkeit und wollen das Erlebnis daher so schnell wie möglich wiederholen, um wieder zu ihrem Glücksgefühl zu kommen.

Nicht jedes Vergnügen scheint uns also langfristig zu unserem Glück zu verhelfen. Im Gegenteil: Viele Amüsements sind auf lange Sicht überhaupt nicht förderlich für uns und unser Wohlbefinden.

Sehr oft tauschen wir unser Glück
gegen ein kurzfristiges Vergnügen ein.

Und weil sich die Abwesenheit von wahrem Glück nicht besonders gut anfühlt, steigern wir nach und nach die Dosis flüchtigen Wohlbefindens. Meist ganz unbewusst, ohne es richtig wahrzunehmen.

Viele benötigen für das Empfinden von Glücksgefühlen daher immer wiederkehrende Exzesse der Sexualität, den heimlichen Reiz eines Seitensprungs, den reichhaltigen Genuss von Alkohol, viel zu üppiges Essen, ausschweifende Gelage im Bierzelt oder manchmal sogar einen Kokaintrip oder eine Nacht auf dem Ballermann.

Wenn wir merken, dass diese Dinge uns schaden, versuchen wir natürlich auch *Nein* zu ihnen zu sagen. Allerdings hinterlässt das Wort Nein ein ungutes Gefühl in uns. Denn ganz gleich, wozu wir Nein sagen, immer wird die Ablehnung in uns ein unangenehmes Gefühl verursachen. Weil in dem Wort Nein immer auch Zurückhaltung, Entsagung und manchmal auch Entzug steckt.

Das Wort Nein scheint uns also von dem zu trennen,
nach dem wir eigentlich streben.

Das liegt daran, dass das Wort Nein uns keine Alternativen
bietet. Nein bedeutet lediglich, dass wir eine Tür schließen – durch die wir doch nur zu gern gehen würden –,
ohne dass wir gleichzeitig andere Möglichkeiten erkennen
könnten, die uns ebenfalls Freude bereiten würden. Wir
haben also kein langfristiges Konzept.

Wie man ein Nein in ein Ja umwandelt

Ich persönlich stelle nicht mehr das Wort Nein zwischen
mich und das, was ich mir im Moment einbilde zu brauchen.
Ich stelle mir stattdessen stets eine ganz einfache Frage:

Macht mich dies auf Dauer glücklich?

Diese Frage lässt nicht nur sehr schnell den langfristigen
Wert einer Sache für unser Leben erkennen, sondern bie-
tet sofort auch Alternativen an. Es gibt etwas Schöneres,
Wundervolleres, zu dem hin es sich zu entwickeln gilt.

»Macht es einen auf Dauer glücklich«, wenn man von
anderen Partnern träumt? Auch hier lässt sich die Frage
sehr einfach beantworten. Je mehr man den Möglichkeiten
einer anderen Partnerschaft oder eines anderen sexuellen
Vergnügens nachhängt, umso mehr wird sich der Verstand
in diese Richtung hin orientieren und einem vorgaukeln,
dort wäre das wahre Glück zu finden.

Mit Sicherheit wartet dort auch so mancher Glücksmoment, aber dieses Glück ist nur flüchtig. Der anschließende Preis des Unglücklichseins währt wesentlich länger und führt einen immer mehr in eine innere Spaltung, in Heimlichkeiten und Geheimniskrämereien, bis zu dem Punkt, wo man sich selbst nicht mehr wirklich achten kann. Ein heimlicher Seitensprung macht einen auf Dauer also mit Sicherheit nicht glücklicher.

Auch wenn man in seiner Partnerschaft nicht wirklich zufrieden ist, ist diese Frage ein sehr starkes Werkzeug. Denn gleichgültig, ob wir uns tatsächlich entscheiden, unsere eigene Wahrheit zu leben und uns von unserem Partner zu trennen, oder ob wir gemeinsam mit dem Partner durch eine Krise gehen, macht uns dies auf Dauer wesentlich glücklicher, als wenn wir uns ständig verraten und unseren Partner betrügen.

Auch in ganz kleinen, alltäglichen Dingen ist die Frage »Macht es mich auf Dauer glücklich?« sehr sinnvoll. Zum Beispiel bei der Frage, ob man noch das zweite Stück Kuchen oder die dritte Kugel Eis essen soll. »Macht es mich auf Dauer glücklich?« zeigt bereits jetzt, dass man sich am Abend enttäuscht im Spiegel betrachten und den Preis des Zuviels lange mit sich herumtragen wird. Wenn einen die dritte Kugel Eis also auf Dauer nicht glücklich macht, was macht einen dann glücklich? Ein schlanker, gesunder Körper. Hat man dieses Bild vor Augen, kann man meist voller Freude auf die dritte Eiskugel verzichten. Sehr oft ist sogar die Lust darauf vollkommen verschwunden.

Man hat bereits die Belohnung vor Augen, das gewünschte Ziel. Interessanterweise entwickeln sich nach

und nach auch der Verstand und das Gefühl in eine andere
Richtung, nämlich dorthin, wo das langfristige Glück auf
einen wartet.

Wenn man sich eine Zeitlang diese Frage stellt, selbst bei
Kleinigkeiten, verändert sich damit auch die Lust auf gewisse Dinge vollständig. Man hat plötzlich Lust auf Obst,
setzt sich aufs Fahrrad, joggt oder geht schwimmen.

Seit ich diese Fragetechnik in meinem Leben anwen-
de, hat sich fast alles in meinem Leben zum Glücklichen
gewendet. Mein Verstand hat sich vollständig auf das dau-
erhafte Glück ausgerichtet und begonnen, alles nur noch
durch diesen Blickwinkel zu betrachten. Und erstaunli-
cherweise hat sich auch mein gesamtes Lustempfinden
nach diesem dauerhaften Glück ausgerichtet.

Je mehr ich meine Konzentration auf dieses stabile,
immerwährende Glück lenkte, wurde Glück nicht mehr zu
einer Abfolge kurzer schneller Höhepunkte, die es immer
wieder zu erhaschen galt. Glück wurde, ganz unabhängig von den Höhen und Tiefen, die ich natürlich noch immer in meinem Leben erfuhr, zu einem dauerhaften Zustand.

Tiefe innere Zufriedenheit erfuhr ich erst, als ich meine
Konzentration auf die Dinge lenkte, die mir ein wesentlich
höheres Ziel aufzeigten.

Und so verschwanden innerhalb kurzer Zeit alle Menschen aus meinem Leben, die neidisch oder eifersüchtig
waren oder mir gar schaden wollten, weil ich mich nicht
mehr in diese Kämpfe verstrickte.

Bei jedem Streit, den wir mit einem anderen Menschen
haben, können wir uns immer fragen: »Will ich dies dau-

erhaft haben?« Wenn nicht, sollten wir uns einfach davon verabschieden oder Frieden suchen.

Konzentrieren wir uns darauf, wohin wir uns eigentlich entwickeln wollen, verändert sich unsere gesamte Struktur und Energie auf so eine Art und Weise, dass wir einfach keinen Sinn mehr darin sehen, Menschen gewisse Dinge heimzuzahlen. Wir empfinden dabei nicht einmal mehr Genugtuung.

> *Wenn wir der Frage nachgehen:*
> *»Was bringt mir dauerhaftes Glück?«,*
> *bewegen wir uns in hohem Tempo auf dieses Ziel zu.*

Auf diese Weise formen wir unser Leben selbst. Wir sagen vielleicht Nein zu gewissen Dingen, aber wir sagen vor allem Ja zu uns selbst und Ja zu einem Leben, das wir gern führen möchten. Auf diese Weise verstricken wir uns nicht mehr in flüchtige Vergnügungen, bei denen es uns anschließend wahrscheinlich wieder so schwerfällt, Dinge zu entwirren, loszulassen oder aufzugeben, sondern bleiben zielgerichtet bei dem, was wir uns so sehr ersehnen: dauerhaftes Glück.

> *Dauerhaftes Glück erlangen wir nicht,*
> *indem wir auf Dinge verzichten, sondern indem wir*
> *die wahren Werte in unserem Leben bejahen.*

Dies ist ein gewaltiger Unterschied. Wir konzentrieren und fokussieren uns auf unser Glück und sind damit geradlinig, zielgerichtet und glücksorientiert.

- Frage dich vor jeder Entscheidung: Bringt mir das dauerhaftes Glück?
- Handle immer nur danach, was dir langfristiges Glück beschert.
- Konzentriere dich auf das, was dir durch diese Entscheidung künftig geschenkt wird.
- Konzentriere dich nicht auf das Nein, sondern auf das langfristige Ja.
- Verzichte auf das kurzweilige Vergnügen, und bewege dich stattdessen auf das Ziel zu, das du von ganzem Herzen bejahst.
- Auf diese Weise konzentrieren wir uns auf die Freude im Leben.
- Worauf wir unser Augenmerk lenken, wird sich in unserem Leben verstärken und verfestigen.

Glück ist ...
die eigenen wahren Werte zu finden.

Sprich nur Gutes über jeden

Wer die Welt in Ordnung bringen will,
gehe zuerst dreimal durchs eigene Haus.
CHINESISCHES SPRICHWORT

Wie oft urteilen wir über andere Menschen und lassen kein gutes Haar an ihnen. Mit scharfer Zunge und unerbittlicher Häme sind wir auf der Suche nach Fehlern und freuen uns über jede Schwäche, die wir bei anderen entdecken. Fast scheint es, als bräuchten wir die Fehler der anderen für den Aufbau unseres eigenen Selbstwertgefühls. Wir fühlen uns sogar richtig gut, wenn wir urteilen und verurteilen können, und haben keine Schwierigkeiten, viele Gleichgesinnte zu finden, die uns in unserer negativen Meinung bestätigen.

Manchmal lächeln wir dieser Person noch zu, bevor wir im nächsten unbeobachteten Moment unsere freundliche Maske fallenlassen und über denselben Menschen, dem wir gerade noch unsere Sympathie geschenkt haben, mit niederträchtigen Worten herziehen.

Nicht immer tun wir dies laut. Manchmal fällen wir unser Urteil auch nur leise, in Gedanken. Dann redet eben unser Herz in herzloser Weise über andere, und wir merken gar nicht, wie eng und gefühllos uns das selber macht.

Beobachte einmal, welch hässliche Gesichter Menschen

bekommen, wenn sie über jemand anderen herziehen. Selbst die schönsten, anmutigsten Gesichter verziehen sich und werden zu bösen Fratzen. Die Augen klein und unerbittlich, das anmutige Lächeln nur noch ein schräges Grinsen.

So ein Bild gibst du auch von dir, wenn du schlecht über andere sprichst.

Derartige Gedanken und Worte sind nichts als kleine Giftpfeile, die andere treffen und vernichten sollen, ohne dass sie davon wissen. Jeder dieser kleinen Giftpfeile trifft aber auch dich selbst. Jede verächtliche Bemerkung bleibt auch an dir hängen, jede Missachtung einer anderen Person macht dich selbst zu einem Menschen, der keine Achtung verdient.

Mit jeder negativen Äußerung verlieren wir an Würde und Kraft, an Größe und Erhabenheit. Wir verlieren auch an Großzügigkeit und Hilfsbereitschaft, an Vertrauen und Nähe. Wir werden zu einem Menschen, der wir eigentlich nie sein wollten.

Wir stecken unser Umfeld mit unserer Meinung an, denn schließlich brauchen wir doch Mitstreiter, die unsere Meinung teilen.

Also wird man sich bald in einem Umfeld wiederfinden, in dem jeder über jeden redet und sich keiner sicher sein kann, ob er nicht bald selbst zum Opfer gemacht wird.

Vielleicht verschafft uns solch ein Verhalten ein kurzes Vergnügen, einen Moment lang das Gefühl, etwas Besseres zu sein. Wir fühlen uns etwas größer, vielleicht auch wichtiger, aber spätestens, wenn wir wieder allein sind, holt uns unsere eigene Wirklichkeit wieder ein. Wir sind nicht besser, nicht größer oder schöner. Wären wir es wirklich, hätten wir längst die Größe und das Mitgefühl, über die Fehler anderer hinwegzusehen.

Aber genau das können wir nicht. Wir sind es nämlich gar nicht gewohnt, uns mit unseren eigenen Fehlern zu beschäftigen. Das viele Urteilen hält uns nämlich von etwas Wesentlichem ab. Wir bleiben nicht bei uns. Unser Fokus ist ständig auf andere gerichtet. Wir sind mehr bei anderen als bei uns selbst. Anstatt unsere eigenen Fehler zu suchen und liebevoll zu behandeln, weichen wir der eigenen Wahrheit aus. Könnten wir nämlich unsere eigenen Fehler annehmen, würden wir dies auch bei anderen tun.

Nur wenn man sich mit sich selbst ausgesöhnt hat,
kann man auch versöhnlich mit anderen umgehen.

Wenn wir uns von unserer Liebe zu uns selbst getrennt haben, werden wir auch immer bei anderen eine Trennung hervorrufen wollen. In Wahrheit versuchen wir also, die Fehler anderer an den Pranger zu stellen, in der Hoffnung, dass keiner unsere eigenen sehen möge. Vor allem, weil wir sie selbst nicht sehen wollen.

Dabei ist die Lösung so einfach.

Nimm alle Fehler, die du bei anderen entdeckst,
dankend an, denn sie weisen dich auf deine eigenen hin.

Je öfter du andere in Schutz nehmen kannst, je liebevoller du mit wahrer Größe über die Fehler anderer hinwegsehen kannst, desto schneller söhnst du dich auch mit deinen eigenen aus. Anstatt also nach den Fehlern anderer zu suchen, setze deinen liebevollen Blick auf und betrachte stets das Potential, das in den anderen angelegt ist.

Zeige vor allem Respekt vor den Leistungen anderer. Wenn du anderen Menschen Respekt für ihre Leistungen entgegenbringst, bekommt dein Umfeld eine Dimension von Erhabenheit, eine Dimension von Würde. Du befindest dich plötzlich selbst in einem Feld der Anerkennung, Würde und Kraft. Und da lässt es sich ziemlich gut leben.

Wenn wir verletzt sind,
verletzen wir auch andere, damit wir unsere eigene
Verletzung nicht mehr so stark spüren.

Wenn wir glücklich sind, brauchen wir andere nicht mehr zu verletzen. Wenn wir glücklich sind, wollen wir andere an unserem Glück teilhaben lassen.

Wenn es dir nicht gelingt, Gutes über eine andere Person zu sagen, dann lass sie aus deinem Leben ziehen. Du bist dann wahrlich keine Hilfe für sie. Sie ist ohne dich wesentlich besser dran. Ohne deine negative Meinung hat sie wesentlich größere Chancen, ihr Leben zu meistern.

Wenn es dir nicht gelingt, Gutes über jemand anderen zu sagen, dann verabschiede dich von dieser Person. Denn auch du bist ohne sie wesentlich besser dran.

Umgib dich lieber mit Freunden, die dir etwas bedeuten, die dich unterstützen und denen du vertrauen kannst. Das stützt dich und die anderen. Dadurch gebt ihr euch gegenseitig Kraft.

Sieh nur das Gute im anderen und wie sehr er sich bemüht,
sein Bestes zu geben.

Es lässt dich auch viel ruhiger schlafen, weil du wieder zu deiner inneren Ruhe zurückfindest. Das Leben macht wieder Spaß, weil du gestützt und aufgefangen wirst. Du fühlst dich geborgen und sicher. Und du darfst auch Fehler machen.

Glück ist ...
nur Gutes über andere sagen zu können.

Ziele geben unserem Leben einen Sinn

Ziele sind das Fundament,
auf dem wir unser Leben aufbauen.

Wir lenken unser Leben durch unsere Gedanken. Wir bauen durch unsere Ideen unsere Zukunft auf.

Wenn unsere Gedanken kein Ziel haben, wissen wir nicht, in welche Richtung wir uns bewegen sollen. Es ist vergleichbar mit dem Autofahren. Nur wenn wir wissen, wohin wir fahren wollen, können wir unseren Wagen zu unserem Ziel lenken. Kein Mensch steigt in seinen Wagen und hat keine Ahnung, wohin er fahren will.

Warum sollten wir unser Leben auf diese Weise gestalten?

Halten wir nur einmal ganz kurz inne und überlegen, in welche Richtung die Reise unseres Lebens gehen soll, werden wir ziemlich rasch das Wunder unserer eigenen Glücksfähigkeit erleben. Wir treiben nicht mehr ziellos umher oder werden von allen möglichen Strömungen wahllos beeinflusst. Haben wir ein klares Ziel vor Augen, ermöglicht uns dies, zielstrebig voranzuschreiten. Wir gewinnen an Lebensmut, werden dynamisch und kraftvoll – und glücklich.

Wenn wir uns klare Ziele setzen, produziert das Gehirn Dopamin. Das ist ein Glückshormon, das unser Verlangen steuert. Darüber hinaus bringen Ziele, die wir uns selbst setzen, eine gehörige Portion an Motivation mit. Wir stimmen uns bereits durch die Vorfreude positiv auf sie ein. Dadurch entstehen Lust, Leidenschaft, Spaß und die Bereitschaft, sich dafür einzusetzen. Wir verlieren unsere Mutlosigkeit.

Wenn wir ein klares Ziel vor Augen haben,
werden Hindernisse zu überwindbaren Hürden.

Ein Freund von mir, der mit einer unglaublichen Leichtigkeit alle Prüfungen an der Uni bestand, berichtete mir, er habe sich immer nur auf seinen Enderfolg konzentriert. Die einzelnen Prüfungen waren nur kleine Steine auf seinem Weg zum Staatsexamen. Stets sah er sich vor seinem geistigen Auge bereits als fertiger Jurist mit einer eigenen Kanzlei. Dieses Ziel habe ihm so viel Kraft und Freude verliehen, dass er die Strapazen seines Studiums gar nicht als solche empfunden habe, sondern eher als hilfreiches Geschenk, um sein Ziel zu erreichen.

Nicht immer müssen es große Ziele sein. Auch kleine Tages- oder Wochenziele können eine Motivation sein weiterzumachen. Auch wenn die Ziele klein sind, schenkt uns ihr Erreichen Zufriedenheit. Wir sind wesentlich einsatzfreudiger und eher bereit, Schwierigkeiten zu meistern.

Wenn wir uns klare, realistische Ziele setzen,
haben wir unser Leben im Griff.

Dies erzeugt ein Gefühl von Sicherheit. Sicherheit erzeugt ein Glücksgefühl. Wir leben durch die Begeisterung für unser Vorhaben wieder auf. Unser Leben bekommt wieder einen Sinn. Ziele inspirieren uns, lassen uns träumen.

Menschen, die keine oder wenig Ziele haben, werden mit der Zeit depressiv, weil sie keine Sinnhaftigkeit in ihrem Leben sehen.

· Setze dir Ziele, denn der Weg zu diesen Zielen hält viele Glücksmomente für dich bereit.
· Formuliere deine Ziele. Mach dir eine Liste, und beschreibe deine Wünsche ganz präzise.
· Lies dir die Liste morgens und abends durch. Dies gibt dir Kraft, morgens voller Freude aufzustehen.
· Werde dir darüber klar, wohin die Reise deines Lebens gehen soll. Welche Visionen hast du? Welche Ziele hast du bereits erreicht? Und in welchen Bereichen liegt deine Sehnsucht noch vergraben?
· Dabei spielt es keine Rolle, was andere von deinen Zielen halten. Wichtig ist nur, ob es sich für dich richtig und gut anfühlt.
· Wenn du Ziele hast, versetzt dich dies in die Lage, Tage, Wochen und Monate voller Freude und Energie zu verbringen.
· Durch das Setzen klarer Ziele wirst du wieder begeisterungsfähig. Und das ist wundervoll, denn …

Begeisterung ist der größte Schlüssel
für unser Glück.

Wir alle sehnen uns nach einem Sinn im Leben. Durch klar formulierte Ziele schenken wir unserem Leben einen tieferen Sinn.

Glück ist ...
seine Ziele zu verwirklichen.

Einmal erlebtes Glück
lässt sich immer wieder-holen

Das, was du heute denkst,
wirst du morgen sein.
BUDDHA

Wir alle kennen Glücksmomente. Auch wenn sie schon weit in der Vergangenheit zurückliegen, sind diese Glücksmomente immer noch ein Geschenk für uns. Denn das Wundervolle an diesen Glücksmomenten ist, dass ihr Eindruck niemals ganz verlorengeht. Auch Monate später erinnern wir uns noch an sie. Selbst Jahre und Jahrzehnte danach sind diese Momente der erlebten Glückseligkeit aus unserem Gedächtnis noch bewusst *abrufbar*.

Die Erinnerung an einmal erlebtes Glück
bleibt ein Leben lang bestehen.

Einmal erlebt, für immer gespeichert. Vor allem emotional gespeichert.

Die Gehirnforschung hat dabei eine sehr interessante Entdeckung gemacht. Sie hat herausgefunden, dass bereits die bloße Erinnerung an Glücksmomente, gleichgültig, wie lange sie zurückliegen, vom Gehirn als genauso tief und intensiv empfunden werden. Also ebenso tief und intensiv wie das ursprüngliche Erlebnis selbst. Auch Jahrzehnte danach. Als wären sie für das Gehirn real, sendet es erneut – wie damals – Endorphine und Glückshormone aus. Es überschüttet uns regelrecht mit glücksbringenden Hormonen.

Wir können also de facto durch die bloße Erinnerung an längst vergangene Glücksmomente in unserem Leben erneut Gefühle von Glück entstehen lassen. Allein die Vorstellung von einmal empfundenem Glück, allein das Wachrufen von glücklichen Bildern der Vergangenheit ruft erneut Gefühle des Glücks in uns hervor.

Je intensiver die Gedanken daran sind, desto intensiver sind die Gefühle, die durch sie hervorgerufen werden. Mag das Ereignis noch so lange zurückliegen. Haben wir vielleicht alle anderen Umstände längst vergessen, den Wohnort gewechselt, zwischenzeitlich unglaublich viel erlebt, Misserfolge und andere Tiefschläge einstecken müssen, diese Momente der erlebten Glückseligkeit bleiben immer wach und lebendig.

So einfach, so schnell, so effektiv. Durch die bloße Erinnerung werden Synapsen in unserem Gehirn wieder aktiviert und Glückshormone ausgeschüttet. Das bedeutet, wir sind glücklich. Wie damals. Vor langer Zeit. Auf gleiche Weise. Für unser Gehirn und unseren Körper gibt es keinen Unterschied, ob dies *nur* in Gedanken stattfindet oder in der Realität geschieht.

Wer meine »Erfolgreich wünschen«-Bücher kennt, wird spätestens jetzt einen weiteren gewaltigen Vorteil erahnen: Durch das Wiedererleben von Glück erschaffen wir weitere *neue* Glücksgefühle in unserem Leben.

Warum ist das so? Hier tritt das Gesetz der Resonanz in Kraft.

Wir alle kennen sicherlich eins der grundlegenden Gesetze der Physik: Gleiches zieht Gleiches an. Kurz und einfach ausgedrückt bedeutet dies Folgendes:

Gleichschwingende Energien bringen sich gegenseitig zum Schwingen. Schlägt man zum Beispiel bei einem Klavier einen Ton an, dann beginnen alle anderen Töne, die mit dessen Schwingungen resonieren, ebenfalls zu schwingen.

Wenn wir glücklich sind – gleichgültig, ob dies durch gegenwärtiges reales Erleben oder durch Erinnerung hervorgerufen wird –, begeben wir uns in das Resonanzfeld von Glück. Alles, was mit diesem Glücksgefühl resoniert, was also gleichschwingt, wird unweigerlich in unser Leben gezogen.

> *Ein glücklicher Mensch wird sich immer*
> *in einer glücklichen Umwelt wiederfinden.*

Glück kann man also nicht nur immer und immer wieder zurückholen, sondern mehr noch; indem wir es erneut aktivieren, ziehen wir auch neues Glück in unser Leben.

So unglaublich einfach es klingen mag, so erstaunlich wirkungsvoll ist es. Ich mache mir vergangene Glücksmomente seit Jahrzehnten immer wieder zunutze. Immer wenn ich mich in einem Loch befinde, wenn ich enttäuscht bin oder mich niedergeschlagen fühle oder gerade keinen Ausweg sehe, begebe ich mich auf diese einfache Weise wieder zurück in mein Glücksgefühl.

Manchmal nutze ich das Wachrufen alter Glücksgefühlen auch als Einschlafhilfe. Wenn die Gedanken in meinem Kopf rotieren und ich Selbstgespräche mit nicht vorhandenen Menschen führe, versetze ich mich innerlich in einen meiner Glücksmomente und bin im nächsten Moment auch schon friedlich eingeschlafen. Das Schönste daran ist, dass ich mit diesem Glücksgefühl auch meistens wieder aufwache.

Um diese Glückmomente wieder parat zu haben, ist es sehr nützlich, sich eine Liste anzulegen, auf der man alle Momente des Glücks aus der Erinnerung aufschreibt: Die Geburt eines Kindes, das Jawort des Partners, der Einzug in eine neue Wohnung oder ein schöner Urlaub. Vielleicht hattest du so einen Glücksmoment als Kind zu Weihnachten, als der neue große rote Bagger kam, vielleicht war es ein Spaziergang mit deinem Vater, der erste Kuss, das erste Date, eine außergewöhnliche Liebesnacht, dein Hochzeitstag oder die ersten Worte deines Kindes. Ein Moment am Meer, im Wald oder beim Betrachten des Sternenhimmels. Je mehr solcher Glücksmomente du findest, desto besser.

Wenn deine kleine Liste fertig ist, dann such dir aus all den wundervollen Glücksmomenten den für dich stärksten heraus. Und dann setz dich ruhig hin, schließ die Augen und denk dich ein paar Minuten in dieses Erlebnis hinein. Stell dir alles wieder bildlich vor. Sei so genau wie möglich. Wie war das damals? Versuch alles wieder in dir wachzurufen. Spür die Freude und vielleicht auch die Aufregung, spür das Außergewöhnliche oder auch das Ergreifende.

Vielleicht wirst du wieder ebenso berührt sein wie damals. Vielleicht meldet sich auch kurz ein Gefühl der Trauer, weil das wundervolle Gefühl bereits so lange zurückliegt. Dann bedenke dabei aber immer, du hast das Glück gehabt, diesen Moment zu erleben. Und niemand kann ihn dir mehr nehmen. Er gehört dir. Für immer und alle Zeiten.

Sei einfach glücklich, dass du solche Glücksmomente hattest, denn nun kannst du sie immer wieder abrufen. Diese Glücksmomente sind also ein außerordentliches Geschenk. Egal, wie weit sie zurückliegen. Du kannst sie benutzen, um erneut Glück in deinem Leben entstehen zu lassen.

Je genauer du diese Momente in deinem Inneren wieder ins Leben rufst, desto schneller reagieren dein Gehirn und dein Körper. Bereits nach kurzer Zeit geschieht meist etwas Wundervolles. Du fühlst dich wieder frei und leicht, fließend und heiter. Innerhalb weniger Minuten, manchmal auch nur Sekunden befindest du dich erneut im Gefühl tiefer Glückseligkeit.

Für mich ist die Geburt meiner Tochter ein solch außergewöhnliches Erlebnis, das tiefes Glück in mir auslöste. Ich erinnere mich noch genau an dieses Wunder und wie mein Leben dadurch einen tieferen Sinn bekam. Alles war richtig in diesem Moment. Friedlich und harmonisch. Ich fühlte mich reich, unendlich reich, beschenkt und beseelt. Alle Sorgen der vergangenen Monate lösten sich auf. Wir hatten ein gesundes Baby. Wir trugen Verantwortung für ein Lebewesen. Und wir taten es gern. Wir liebten uns und wurden vom Liebespaar zur Familie.

Noch heute habe ich dieses Gefühl parat. Noch heute fühle ich dieses Glück. Kein Geld der Welt und nicht der größte berufliche Erfolg kann dieses Gefühl übertrumpfen.

Aber nicht immer müssen es so einschneidende Dinge im Leben sein, die Glücksgefühle in uns wachrufen. Es kann genauso gut die erste freie Rede vor der Belegschaft sein, Weihnachten mit dem Menschen, den man liebte, oder eine gelungene, rasante Abfahrt beim Skifahren. Finde einfach deine ganz persönlichen Momente, und schreibe sie auf.

Auf einem meiner Seminare wurde ich einmal gefragt, ob sich das ständige In-Erinnerung-Rufen nicht mit der Zeit abnutze.

Zum einen hat jeder viele verschiedene Glücksmomente zur Verfügung, die er wachrufen kann, zum anderen lässt sich diese Frage auch durch eine Gegenfrage beantworten: Nutzen sich unsere Zweifel mit der Zeit ab? Also jene Gedanken, mit denen wir uns ständig fertigmachen? Sagen wir irgendwann: »Jetzt habe ich aber lange genug geglaubt, dass ich nicht liebenswert bin. Das hat sich jetzt so abgenutzt, dass es keine Wirkung mehr hat.«

Zweifel können ebenfalls immer und immer wieder abgerufen werden, ohne an Kraft zu verlieren. Da ich aber die Wahl habe, entscheide ich mich lieber für das Wachrufen von Glücksmomenten. Wie ist das mit dir?

Glück lässt sich wieder-holen.

Immer und immer wieder. Aber das ist noch längst nicht alles. Die Erinnerung an das Glück hat noch einen wesentlich tiefgreifenderen Aspekt.

Stell dir einmal kurz so einen Glücksmoment von dir vor. Und dann, wenn du diesen Augenblick wieder gegenwärtig hast, stell dir folgende Frage: »Hat es sich dafür gelohnt zu leben?«

Wenn man dieser Frage nachgeht, geschieht meist etwas sehr Erstaunliches.

Wahrscheinlich wirst du tief berührt feststellen, dass es sich durchaus gelohnt hat, dafür gelebt zu haben. Unser Leben hat also plötzlich einen Wert. Allein diese Erkenntnis schafft neues Glück. Unser Leben ist wertvoll gewesen. Für uns und für andere.

Glück ist …
sich an vergangenes Glück zu erinnern.

Erlaube dir auch einmal,
nicht erreichbar zu sein

Alle Zerstreuung schwächt.
NOVALIS

Wir alle kennen das. Wir sitzen mit jemandem beim Abendessen. Wir führen ein angenehmes, wohltuendes Gespräch. Plötzlich brummt es, oder eine aufdringliche Melodie wird gespielt. Unser Gegenüber macht hektische Bewegungen, greift in seine Tasche, zieht sein Handy heraus, hält es sich ans Ohr und unterhält sich eine ganze Weile mit jemand anderem. Man selbst ist abgemeldet, isst allein und artig sein Essen zu Ende, während die Person, mit der wir zum Essen verabredet waren, mit jemand ganz anderem in ein Gespräch vertieft ist.

Und nach dem Telefongespräch ist die Stimmung nicht mehr so, wie sie vorher war. Die Unterhaltung wird wahrscheinlich nicht mehr so fließend und leicht weitergeführt, man schweigt sich an oder erfährt den Grund des Anrufs und diskutiert lange über ein Problem, das man an diesem Abend eigentlich nicht besprechen wollte.

Innerhalb von Sekunden hat unser Gegenüber seinen Alltag mit all seinen Sorgen und Anspannungen zu uns an den Tisch geholt, ohne sich und anderen die Chance zu geben, etwas Neues – Entspannendes – entstehen zu lassen.

Ist dir schon mal aufgefallen, dass, wenn sich zwei Menschen an einen Tisch setzen, sie immer als Erstes ihr Handy auf den Tisch legen? Und wenn es wider Erwarten längere Zeit nicht brummt, sogar besorgt nachsehen, ob das Gerät auch Empfang hat?

Wenn du das nächste Mal in einem Restaurant bist, beobachte einmal, wie viele Paare an einem Tisch sitzen und einer von beiden telefoniert, während die zweite Person stumm und abwartend in einem Getränk rührt. Du wirst erstaunt sein, wie sehr dieses Verhalten zu unserem ganz normalen Alltag geworden ist.

Vielleicht brummt an diesem Abend auch dein eigenes Handy. Dann spüre einmal nach, wie schwer es dir fällt, nicht dranzugehen oder nachzusehen, wer sich bei dir in Erinnerung ruft.

Einige werden jetzt vielleicht mit den Schultern zucken und nichts wirklich Schlimmes dabei finden. Wir haben uns einfach so sehr an dieses Verhalten gewöhnt, dass es für uns bereits zum Alltag gehört.

Als ich mir das erste Mal ein Handy kaufte, veränderte sich mein Leben grundlegend.

Zunächst schien mir mein neues Telefon eine wundervolle Bereicherung zu sein. Ich war nicht länger an mein Zuhause gekettet und konnte meine beruflichen Angelegenheiten von überall aus regeln. Aber die anfängliche Freiheit wandelte sich rasch in eine immerwährende Forderung. Ziemlich bald beschwerten sich Menschen bei mir, dass ich doch tatsächlich eine Stunde lang nicht erreichbar gewesen sei! Ein Handy könne man doch schließlich überallhin mitnehmen.

Ich versuchte, dieser Forderung gerecht zu werden, fand es für einige Zeit sogar richtig schick, überall erreichbar zu sein, aber sehr bald wurde mir klar, dass die scheinbare Freiheit, die mir das Handy beschert hatte, ebenso viel Unfreiheit mit sich brachte. Nicht nur, dass die Zeit, die ich mit mir allein hätte verbringen wollen, vollständig verlorenging, ich verbrachte auch Familienausflüge am Telefon und musste immer wieder meine Tochter stehenlassen, um ein »wichtiges« Gespräch zu Ende zu führen. Die Enttäuschung stand ihr ins Gesicht geschrieben. Sie hatte sich auf einen Nachmittag nur mit mir gefreut und verbrachte ihn nun mit mir und meinem Handy. Irgendwie waren wir beide genervt. Ich auch, weil ich niemandem mehr richtig gerecht wurde. Anstatt einen schönen gemeinsamen Nachmittag zu verbringen, war ich oft angespannt und in Gedanken mit beruflichen Dingen beschäftigt.

Genau genommen hatten wir beide nichts davon. Julia nicht die versprochene uneingeschränkte Aufmerksamkeit ihres Vaters, und ich nicht meine Entspannung.

> *Zeit ist das kostbarste Gut,*
> *das wir anderen schenken können.*

Und genau dieses Geschenk enthielt ich meiner Tochter vor.

Auch in unserer Partnerschaft spürten wir bald die Veränderung, die das Handy mit sich brachte. Selbst an Tagen, die wir nur für uns reserviert hatten, waren die

Handys unsere ständigen Begleiter. Wir verbrachten die Zeit nicht mehr zu zweit, sondern teilten sie mit vielen anderen. Stets waren es natürlich »wichtige« Dinge, und stets betonten wir die Freiheit und Unabhängigkeit, die uns das Handy brachte.

Doch, ja, natürlich, wir konnten viele Dinge von unterwegs regeln. Ein Handy war also durchaus eine Bereicherung, aber dafür verloren wir etwas anderes. Wir verloren unsere wundervollen Tage nur für uns allein. Diese Tage des Rückzugs verloren an Wert und Kraft.

Nähe entsteht, wenn wir alles andere
für einen Moment vergessen und beiseiteschieben.

Nähe entsteht durch das Eintauchen in den anderen. Dafür brauchen wir Sicherheit und Zeit. Ein einziger Anruf kann alles zerstören.

Darüber hinaus fiel es mir nach dem Einzug des Handys in mein Leben plötzlich viel schwerer, effektiv und konzentriert zu arbeiten. Besonders beim Schreiben wurde ich stets aus meinen Gedanken gerissen.

Es gibt inzwischen eine Untersuchung, die zeigt, dass ständige Erreichbarkeit der Mitarbeiter in einer Firma – zum Beispiel über E-Mail oder Handy – die Effektivität ihrer Arbeit dramatisch herabsetzt. Wer immer und immer wieder von eintreffenden Mails oder Anrufen aus seinen Gedankengängen herausgerissen wird, braucht jedes Mal einige Zeit, um sich wieder auf seine ursprüngliche Arbeit zu konzentrieren und zu seinem eigentlichen Gedankengang zurückzukommen.

Indem Chefs von ihren Mitarbeitern erwarten, schnell und am besten sofort auf ihre Mails zu antworten, schrauben sie damit paradoxerweise die so angestrebte Arbeitsleistung enorm herab.

Darüber hinaus hat, wer viele Dinge gleichzeitig tut, oft das Gefühl, nur wenig geleistet zu haben. Man hat dann keinen wirklichen Überblick über das Geschaffene.

Und: Wer ständig von Mails oder einem Handy unterbrochen wird, fühlt sich gehetzt, unter Druck und beobachtet.

Das bedeutet: Immer erreichbar zu sein, und sei es nur auf unserer Arbeitsstätte, setzt unsere Arbeitskraft enorm herab. Dieser Effekt verstärkt sich, je häufiger wir auch in unserer Freizeit erreichbar sind. Ständiges Verfügbarsein nimmt uns die Chance, uns zu regenerieren, auf andere Gedanken zu kommen, nichts zu tun oder eben etwas völlig anderes, damit das Pendel wieder ausholen und mit neuem Schwung in die Welt der Anspannung eintauchen kann.

Kein Muskel kann auf Dauer
in Spannung gehalten werden,
kein Sportler Höchstleistungen ohne
Regenerationszeit erbringen.

Handys haben eine unglaubliche Sogwirkung. Wir gehen an den Apparat, wenn wir beim Einkaufen sind, mit Freunden Karten spielen, wenn wir im Kino sitzen oder uns gerade lieben wollen. »Nur noch diesen einen Anruf, Schatz, der ist wichtig.«

Oft verhindern wir dadurch so manchen glücklichen Moment.

So segensreich ein Handy für uns sein kann,
so sehr sind wir zum Sklaven der ständigen
Erreichbarkeit geworden.

Ich habe mein Handy sehr früh ganz demonstrativ wieder weggelegt. Alle in meinem Umfeld wissen seitdem, dass man mich über das Handy nicht mehr erreichen kann. Es ist nur noch für meine Familie reserviert. Ich habe es stets ausgeschaltet, wenn ich arbeite oder meine Freizeit genieße. Seitdem ist meine Arbeit wieder wesentlich effektiver. Ich schaffe mehr, bin konzentrierter und habe abends das Gefühl, etwas vollbracht zu haben. Ein sehr gutes Gefühl.

Und die Nachmittage mit unserer Tochter machen wieder Spaß. Auch meine Mails sehe ich nicht mehrmals am Tag an, sondern nur zu bestimmten Zeiten. Das schenkt mir innere Ruhe und Ausgeglichenheit. Ich muss nicht immer sofort gehetzt auf etwas reagieren, sondern kann meinen eigenen Tagesablauf bestimmen.

Wenn man nicht ständig verfügbar ist,
kann man seinen eigenen Rhythmus leben.

Auf diese Weise prägt man sein Leben selbst und nicht die anderen – mit ständig neuen guten oder schlechten Nachrichten.

Bestimme deinen Rhythmus selbst

Erreichbar zu sein mag manchmal ein großer Vorteil sein. Aber nur, wenn man den Zeitraum seiner Erreichbarkeit selbst bestimmen kann, wenn man z. B. vereinbart, zu einem bestimmten Zeitpunkt einen Anruf zu erhalten. Wenn man jedoch jederzeit und immer erreichbar ist, fühlt man sich ständig gehetzt und unter Strom. Denn man muss ja jederzeit aufnahmefähig und bereit sein, die richtigen Antworten zu geben und die wichtigen neuen Nachrichten auch zu verarbeiten.

· Jedes Mobiltelefon hat einen wunderbaren Knopf, mit dem man es ein- und ausschalten kann. Benutze diesen Knopf.
· Nimm dir Zeit für Menschen, die dir etwas bedeuten. Das kannst auch du selbst sein.

Nähe braucht Zeit.
Ein einziger Anruf kann diese Nähe zerstören.
Oft auch die Nähe zu dir selbst.

Neulich stand ich beim Bäcker in der Schlange. Ein Mann, der gerade mit Bezahlen dran war, bekam einen Anruf und war plötzlich völlig überfordert mit der Situation. Er hielt uns alle auf und telefonierte hektisch und aufgeregt, während ein paar Münzen auf den Boden fielen, gefolgt von seiner Tüte. Anstatt ins reale Leben zurückzukehren, telefonierte er einfach weiter und ließ sich von anderen die Münzen und seine Tüte aufheben.

Ein Kind der Handy-Generation. Er wusste nicht, dass man seinen Tag wesentlich entspannter und effektiver gestalten kann. Vor allem aber glücklicher.

· Wenn man sein Leben in klare Tagesabläufe einteilt, die dem eigenen Lebensrhythmus entsprechen, beginnt man im eigenen Fluss des Lebens zu leben.

· Dadurch wird man effektiver und kreativer in seiner Arbeit und nebenbei zu einer reinen Wohltat für sein Umfeld.

· Wenn andere Menschen sich darauf einstellen können, wann man zur Verfügung steht, ist dies ein Segen für alle. Man wird berechenbar.

· Allerdings sollte man dann auch wirklich zur Verfügung stehen und nicht nur so lange, bis man durch einen Handyanruf, eine E-Mail oder eine Kurznachricht abgelenkt wird. Nichts frustriert andere mehr, als das Gefühl zu haben, nicht wichtig zu sein und nur die zweite Geige zu spielen.

· Handys zwingen uns oft zu Notlügen. »Ich habe es gar nicht klingeln hören.« »Ich habe mein Telefon leider nicht dabeigehabt.«

· Ständige Erreichbarkeit zerstört den eigenen Rhythmus.

· Wir können nicht mehr richtig regenerieren.

· Erlaube dir die Freiheit, manchmal nicht erreichbar zu sein. Beobachte, wie gut es sich anfühlt, einen Tag ohne Handy zu verbringen.

· Wenn sich jemand darüber beschweren sollte, sag ihm einfach, du bist auf dem Weg, wieder glücklich zu werden. Oder gib ihm dieses Kapitel zu lesen.

- Erlaube dir einfach, einen ganzen Tag lang den Anrufbeantworter eingeschaltet zu lassen.
- Sei eine Zeitlang zu bestimmten Zeiten nicht erreichbar. Dein Leben wird sich anders anfühlen. Du wirst das Gefühl haben, mehr Zeit zur Verfügung zu haben. Du wirst wesentlich besser entspannen und vieles bewusster wahrnehmen.
- Du wirst auch die Menschen, mit denen du zusammen bist, bewusster wahrnehmen.
- Du lernst wieder, dich dem Moment und dem Erleben hinzugeben.

Glück ist ...
wenn man es sich erlauben kann,
auch einmal nicht erreichbar zu sein.

Glücksgefühle
kann man beeinflussen

Die Lebensspanne ist dieselbe,
ob man sie lachend oder weinend verbringt.

Die Wissenschaft beschäftigt sich seit vielen Jahrzehnten mit der Erforschung des Glücks und wie man es dauerhaft erlangen kann.

In einem Fernsehbeitrag zu diesem Thema bin ich einmal auf eine sehr interessante Studie mit Zwillingsschwestern gestoßen:

Beide Schwestern wurden Tag und Nacht beobachtet und den verschiedensten Situationen ausgesetzt. Beide standen morgens mit einer vergleichbaren Laune auf.

Der einen spielte man ihre Lieblingsmusik vor, der anderen eine CD, die sie immer dann hörte, wenn sie traurig war.

Im weiteren Verlauf des Tages gab man der einen Zwillingsschwester lustige Filme zu sehen, der anderen freudlose Dramen.

Die Hormonausschüttung der einen Schwester wies daraufhin eine große Menge des Glückshormons Serotonin auf. Ihre Stimmung war dementsprechend den ganzen Tag über sehr gut und nahm am Abend, als sie witzige

Texte zu lesen bekam, in seiner Konzentration sogar noch einmal zu.

Die andere Zwillingsschwester bekam abends spannungsgeladene, traurige Texte zu lesen. In ihrem Gehirn herrschte bereits den ganzen Tag über Serotoninmangel, der bis zum Abend noch weiter absank.

Als man die Ergebnisse beider Gehirne miteinander verglich, konnte man Folgendes feststellen: Die erste der beiden Zwillingsschwestern produzierte viel Serotonin. Sie war ausgeglichen und mit sich und der Welt zufrieden. Man könnte auch sagen, sie war glücklich.

Bei der anderen Schwester herrschte Serotoninmangel. Sie war unsicher, lustlos und entmutigt.

Sollte es wirklich so einfach sein? Nur durch ein paar bewusst gesteuerte »Zutaten« im Tagesablauf sollte der Hormonspiegel in Richtung glücklich oder unglücklich gesteuert werden können?

Eigentlich ist diese Erkenntnis wundervoll! Sie beweist, dass wir es selbst in der Hand haben, glücklich oder unglücklich zu sein. Allein mit der Auswahl der Themen, mit denen wir uns den ganzen Tag über beschäftigen, können wir einen Serotonin-Mangel in uns hervorrufen oder eine starke Serotonin-Ausschüttung in uns bewirken.

Wenn wir uns angewöhnt haben, uns nur mit traurigen und entmutigenden Dingen zu umgeben, hat das starke Konsequenzen für unsere Persönlichkeitsentwicklung.

Wenn wir uns stattdessen entscheiden, fröhliche und positive Dinge in unserem Leben vorherrschen zu lassen, dann befinden wir uns in einem harmonischen hormonel-

len Fluss, der unsere Stimmung nachhaltig positiv beeinflusst.

Wofür entscheidest du dich?

Glück ist ...
dem Geist aufbauende Nahrung zu geben.

Zeitung lesen und glücklich sein – passt das zusammen?

Bleibe bei dir, und du wirst das Glück finden,
entferne dich von dir,
und du wirst im Chaos landen.
MICHAELA MERTEN

Jeden Tag stürmen unendlich viele Informationen auf uns ein. Wir werden mit unliebsamen Tatsachen bombardiert, müssen auf unerwartete Umstände reagieren und hören die Meinung anderer, die uns nicht immer gefällt. Vieles von dem, was wir sehen und hören, macht uns sogar Angst und verursacht ein Gefühl der Unsicherheit oder gar Hoffnungslosigkeit.

Umso erstaunlicher ist es, dass wir auch in unserer knapp bemessenen Freizeit, die wir ganz allein für uns gestalten könnten, solche Energien suchen, die uns aus dem Gleichgewicht bringen. Wir scheinen regelrecht süchtig nach Unruhe zu sein. Unruhe jedoch lässt uns nicht ins Gleichgewicht kommen.

Wenn wir nicht im Gleichgewicht sind,
können wir auch keine tiefe Zufriedenheit empfinden.

Versuch dich einmal zu erinnern, was du gestern alles in der Zeitung gelesen hast.

Und nun geh in Gedanken eine Woche zurück.

Und dann vielleicht noch eine weitere Woche.

Wahrscheinlich wirst du feststellen, dass du das meiste davon längst vergessen hast oder es mit vielen anderen Informationen vermischst oder durcheinanderbringst.

Obwohl du dich gestern noch über Geschichten aus der Zeitung geärgert hast, wütend oder traurig wurdest, besorgt oder neidisch warst, weißt du heute nicht mehr genau, worüber du dich so aufgeregt hast oder wie die genauen Zusammenhänge waren.

Kein Wunder, haben wir die meisten Details davon doch deshalb vergessen, weil sie für unser Leben keine große Rolle gespielt haben. Die Gefühle, die wir beim Lesen der Ereignisse aber hatten, haben wir in unserem emotionalen Gedächtnis eingespeichert.

Das meiste von dem, was in der Zeitung steht,
ist für unser Leben nicht wichtig.

Es hält uns nur in einer endlosen Schleife negativer Gedanken gefangen. Viele von uns beginnen mit diesen negativen Gedanken sogar ihren Morgen. Bevor der Tag wirklich begonnen hat, lassen wir eine Menge negativer Emotionen wie Neid, Schadenfreude, Angst, Wut oder Empörung in uns entstehen.

Wem ist damit geholfen? Es gibt unter Journalisten den Spruch: »Only bad news are good news.« – »Nur schlechte Nachrichten sind gute Nachrichten.«

Je schrecklicher die Bilder sind, die man zu der Nachricht liefern kann, desto teurer lässt sich die Nachricht verkaufen. Es geht also immer nur ums Geld.

Es geht nicht einmal um die Wahrheit. Lies einmal verschiedene Zeitungen, die über dasselbe politische Ereignis berichten. Du wirst den Eindruck bekommen, es seien völlig verschiedene Begebenheiten gewesen, und wirst vom jeweiligen Autor des Artikels zu einer anderen Meinung geführt.

> *Nachrichten sind eine Ware.*
> *Je schlechter die Nachricht ist,*
> *umso besser lässt sie sich verkaufen.*
> *Und du bist der Käufer.*

Du kaufst also schlechte Nachrichten. Auf der ganzen Welt sind Menschen auf der Jagd nach schlechten Nachrichten, um dir die schrecklichste aller Informationen zu liefern. Und da schlechte Nachrichten so gefragt sind, nutzen dies viele Gruppen aus, um das Interesse der Medien zu erheischen.

Was nützt es den Hinterbliebenen, wenn du siehst, wie in Bengali ein Wohnhaus zusammengestürzt ist, ein Busunglück Familien auseinanderreißt oder ein Mann in Toronto Amok lief?

Wenn wir uns mit fremden Informationen beschäftigen, fehlt uns die Zeit, uns mit uns selbst zu beschäftigen.

Willst du rasch wieder zu dir finden, schränke dort, wo du selbst über deine Zeit entscheiden kannst, alles ein, was nicht direkt der Verwirklichung deiner Ziele dient, und du

wirst feststellen, wie konzentriert du deine Visionen ange-
hen kannst. Du bekommst wieder Übersicht und Kontrolle
über dein eigenes Leben.

Mach einfach einmal einen Selbstversuch – nur für drei
Wochen:

· Lies keine Zeitung.
· Sieh dir auch keine Nachrichten im Fernsehen an.
· Such dir die Schreckensmeldungen auch nicht aus dem
  Internet heraus.
· Verfolge keine Talkshows und Politsendungen im Fern-
  sehen.

Das meiste von dem, was man dort als Tatsachen verkauft,
sind nur Meinungen anderer. Es muss nicht die Wahrheit
sein. Zumindest nicht deine.

Du wirst bemerken, wie viel mehr Zeit du für dich selbst
haben wirst. Du wirst wieder zu dir finden und entdecken,
was du wirklich mit deinem Leben anfangen willst.

Fernsehen kann durchaus eine Bereicherung sein.
Dies wird es aber erst, wenn du es dazu machst.

· Überlege dir im Vorfeld, wie viele Stunden du pro Woche
  vor dem Fernseher sitzen möchtest: fünf, zehn, zwanzig
  Stunden? Fühle in dich hinein, wie lange du stumm und
  immer in eine einzige Richtung sehend auf dem Sofa
  sitzen möchtest.
· Wenn du für dich entschieden hast, wie viele Stunden

pro Woche du auf diesem Platz verbringen möchtest, dann schreibe dir die Zahl auf. Vielleicht steht auf deinem Zettel zum Beispiel zehn Stunden.

· Und dann beginne dir herauszusuchen, welchen Film du am ersten Tag sehen willst, welche Sendung am zweiten Tag etc. Dann wirst du vielleicht Folgendes feststellen:

— Dass du normalerweise wesentlich mehr Zeit vor dem Fernseher verbringst, als du vorhattest.

— Dass die Zeit ziemlich schnell verbraucht ist. Man kann diesen Gedanken auch umdrehen. Die Sendung im Fernsehen verbraucht ziemlich viel deiner Zeit.

— Vielleicht wirst du auch feststellen, was alles im Fernsehen läuft, das dich in Wirklichkeit gar nicht interessiert, was du dir aber aus Langeweile oder reiner Gewohnheit angesehen hast.

Wenn uns diese Dinge bewusst werden, dann haben wir die Entscheidungsgewalt über Abläufe, die bisher unbewusst und fast automatisch stattfanden. Vielleicht bist du dieses Verhalten auch von Kindesbeinen an so gewohnt, weil deine Eltern abends immer ferngesehen haben, und hast es einfach von ihnen übernommen, ohne nachzudenken. Wer entscheidet nun in Zukunft darüber?

Die Sache mit dem Gedächtnis

Wie intensiv gerade Nachrichten oder Krimis vor dem Einschlafen auf uns wirken können, unterstreicht folgende Studie.

Wissenschaftler haben nachgewiesen, dass sich unser Gedächtnis vor allem nachts, wenn wir schlafen, aufbaut. Ungestört von anderen Einflüssen wird Erlebtes abgespeichert und ist erst auf diese Weise wieder abrufbar. Wir benötigen den Schlaf, um Erlerntes zu behalten. Die Erfahrung, dass die Gedächtnisbildung hauptsächlich im Schlaf stattfindet, wird jeder von uns schon gemacht haben.

So können wir zum Beispiel stundenlang einen bestimmten Fingerlauf auf dem Klavier üben, ohne ihn wirklich hinzubekommen, oder Vokabeln pauken, ohne sie uns merken zu können, und plötzlich, am nächsten Tag, wenn man ausgeschlafen ist, scheint alles wie von selbst zu gehen.

Natürlich speichert unser Gehirn nachts nicht nur das Erlernte, sondern vor allem auch alle emotionalen Erlebnisse. »Schlaf einfach mal drüber« ist deswegen nicht immer der beste Rat, weil Schlaf die Erinnerung an emotionale Erlebnisse nicht verdrängt, sondern im Gegenteil geradezu steigert.

So zeigten die Wissenschaftler einigen Testpersonen am Abend aufwühlende Bilder und stellten fest, dass diese Personen die Bilder am nächsten Tag als noch wesentlich intensiver empfanden und sogar Ekel vor ihnen zeigten.

Vor diesem Hintergrund scheint es keine brillante Idee zu sein, sich vor dem Schlafengehen Nachrichten oder

Gruselfilme anzusehen. Werbung übrigens ebenso wenig, weil sich deren *Wahrheiten* auf diese Weise fest in unser Gedächtnis eingraben. Auch in der Wahl unserer Einschlaflektüre sollten wir wählerisch sein. Ein Krimi voller Leichen, ein Thriller mit seinem mörderischen Kitzel werden uns bis zum nächsten Morgen und darüber hinaus in Erinnerung bleiben. Glück fühlt sich anders an als mörderische Spannung.

Beschäftige dich vor dem Einschlafen lieber mit dem, was du in deinem Leben vermehren willst. Möchtest du mehr Reichtum und Ruhe in dein Leben ziehen, lies aufbauende Bücher, höre harmonische Musik, koche für Freunde oder unterhalte dich einfach mit deinem Partner. Er hat wesentlich mehr zu erzählen als dein Fernseher. Und er ist real. Und er liebt dich.

Ich lese schon lange keine Zeitung mehr. Die meisten Menschen, die davon hören, reagieren anfangs mit Erstaunen. Geht das denn überhaupt? »Aber man muss doch wissen, was in der Welt vor sich geht!« Keine Sorge. Ich weiß genauso viel wie alle anderen. Die Informationen, die wichtig für mich sind, bekomme ich auch. Und wenn ich mich aktiv einbringen kann, tue ich es. Und zwar sehr gern. Ich setze mich nur nicht mehr Millionen von furchtbaren Eindrücken aus.

Sieh dir keine Werbung an

Die Werbung weckt Sehnsüchte, die wir zuvor eigentlich gar nicht hatten. Sie erzeugt in uns das Gefühl von Mangel. Das Ziel der Werbung ist, dass wir uns minderwertig fühlen und dieses Gefühl nur mit dem Kauf des beworbenen Produktes loswerden können. Wir lassen uns also manipulieren. Manipulation bedeutet nichts anderes, als das Gefühl eines anderen zu übergehen und sein Denken ungefragt zu verändern.

Die meisten von uns wollen die Werbung gar nicht und schalten deswegen um, wenn der Werbeblock beginnt. Die Sender haben auf dieses Verhalten reagiert und senden daher mittlerweile während der Programme kurze Werbebanner, so dass man nicht schnell genug wegschalten kann. Auf unseren Widerstand reagiert die Werbung also mit noch aggressiveren Methoden.

Das eigentliche Problem aber ist, dass wir sehr leicht unsere Ziele aus den Augen verlieren. Wenn wir dann auch noch so konsequent »gestört« werden, vergessen wir irgendwann völlig, was uns wichtig war. Oft eignen wir uns sogar fremde Ziele an, weil man uns glauben macht, wir könnten dadurch endlich den Zustand von Glück erreichen. Aber dies ist nicht die Wahrheit.

Lass dich nicht von den Interessen anderer überwältigen.
Nimm die Verantwortung über deine Zeit
und deine Bedürfnisse wieder selbst in die Hand.

Je bewusster wir durchs Leben gehen, desto schärfer wird unsere Wahrnehmung werden. Alles, was wir bewusst wahrnehmen, bekommt einen Wert in unserem Leben. Alles, was einen Wert hat, bereichert uns. Und alles, was uns innerlich reicher macht – auch emotional – erfüllt uns.

Wir befinden uns wieder in der Fülle des Lebens. In der Fülle des Lebens zu sein, hat ganz viel mit Glück zu tun.

Willst du bei deiner eigenen Energie bleiben, willst du deine Zeit besser nutzen, willst du dein Leben selbst gestalten, willst du deine Partnerschaft wieder zum Leben erwecken, oder willst du einfach wieder glücklich sein, dann sei der Herrscher über deine Zeit.

Glück ist …
am Geschehen selbstbestimmt mitzuwirken.

Das Geschenk des Augenblicks

Das Glück muss entlang der Straße gefunden werden,
nicht am Ende des Wegs.
DAVID DUNN

Wenn wir nicht achtsam sind, rauschen die Tage an uns vorbei, ohne dass wir sie wirklich gelebt haben. Wir haben sie dann nicht mit Leben gefüllt. Mit unserem Leben. Wir haben sie dann nicht wirklich wahrgenommen.

In der bewussten Wahrnehmung unseres Seins
liegt der Schlüssel zum Glück.

Wenn ein Erlebnis sehr intensiv ist, nehmen wir es auch sehr bewusst wahr. Unser Geist schweift nicht ziellos umher, wir sind von diesem einen Augenblick durch und durch erfüllt. Das kann ein sinnlicher Moment sein, etwas Spannungsgeladenes oder Überraschendes. Das kann ebenso eine Enttäuschung sein oder körperliche oder seelische Schmerzen, die uns an nichts anderes mehr denken lassen.

An solch intensive Momente erinnern wir uns noch lange. Sie wirken in uns nach. Wir haben sie so stark wahrgenommen, dass sie sich tief in unser Gedächtnis eingegraben haben.

Achtsam sein heißt nichts anderes,
als bewusst wahrzunehmen.

Wenn wir achtsam sind, sind wir ganz bei dem, was wir tun. Wir sind mit allen unseren Sinnen voll und ganz dabei. Wir spüren die Magie des Augenblicks und das Geheimnis der Zeit. Wir leben ganz bewusst und sind von Leben durchflutet. Jede Berührung, jedes Wort, jeder Gedanke ist erfüllt von diesem Augenblick.

Wie oft wir auf diese achtsame Weise wahrnehmen, liegt immer nur an uns. Das bewusste Wahrnehmen des Augenblicks, das unser Leben so mit Glück durchflutet, können wir immer erleben. Wir müssen uns nur dazu entscheiden.

Entscheide dich jetzt, jede Handlung, die dir in den Sinn kommt, mit absoluter Achtsamkeit zu tun. Vielleicht fängst du mit kleinen Dingen an wie Tee kochen oder Auto fahren.

Wir können uns zum Beispiel auch ganz bewusst etwas zu Essen zubereiten, sehr wach und präsent den Geruch der Speise aufnehmen, den Geschmack, die Wärme und das Wohlbehagen, das dieses Essen uns bereitet. Wir können ganz bewusst den Kugelschreiber nehmen und zu schreiben beginnen, den Stuhl, auf dem wir sitzen, wahrnehmen oder einfach nur unserem Atem folgen.

Wenn wir immer wieder auch die kleinsten Dinge mit all unseren Sinnen wahrzunehmen beginnen, beschenken wir uns selbst mit dem Reichtum des Lebens.

Wir beginnen uns wieder zu spüren. Unsere Haut, unsere Muskeln, unseren Körper. Wir nehmen bewusst wahr, wie schön es ist, wenn sich unser Körper bewegt, wenn er Schritt für Schritt voranschreitet. Wir achten auf uns. Wir nehmen unsere Gefühle wieder wahr. Wir erkennen, welch intensive Freude ein Geruch oder ein Wort auslösen können.

Wenn wir achtsam sind, beginnen wir wieder zu erwachen. Alles, was wir achtsam erleben, erfüllt uns mit Freude.

Es entspannt Körper, Geist und Seele, nur *eine* Sache gleichzeitig machen zu dürfen.

Vielleicht hast du ja Freude daran, während des Tages immer wieder bewusst und achtsam am Leben teilzunehmen. Dann lehn dich einfach kurz zurück, lass den Atem entspannt fließen, und nimm bewusst wahr, wo du dich gerade befindest.

Glück ist ...
das Leben achtsam wahrzunehmen.

Wir können uns einreden, dass wir etwas nicht schaffen,
– darin sind wir übrigens sehr gut –
und wir werden diese Wahrheit immer tiefer in
uns erzeugen,
bis sie uns im Außen bestätigt wird.

Wir können aber auch in die Energie hineingehen,
dass wir etwas schaffen,
fließend leicht und heiter,
und diese Wahrheit in unser Leben ziehen.

In welche Richtung willst du dich entwickeln?

Es ist immer deine Entscheidung.

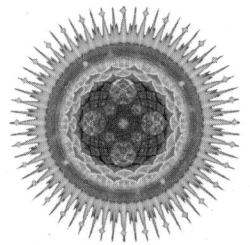

Hör auf zu warten.
Manche Menschen warten ein Leben lang.
Tu es jetzt.
Wenn nicht jetzt, wann dann?

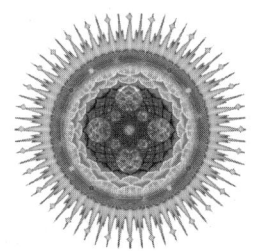

7
Glück ist ...
Jetzt

Streiche Begriffe wie »irgendwann« und »eines Tages« aus deinem Wortschatz

Unsere Verabredung mit dem Leben
findet im gegenwärtigen Augenblick statt.
Und der Treffpunkt ist genau da,
wo wir uns gerade befinden.
BUDDHA

Als vor fast dreißig Jahren der Bruder meines Vaters starb, bat mich mein Vater, ihn zu begleiten, um ihm zu helfen, alles Nötige zu regeln. Es waren traurige Tage, an denen mein Vater feststellen musste, dass er und sein Bruder sich viel zu wenig gesehen hatten.

Trotz aller Trauer mussten wir seinen Hausstand auflösen, der noch gar nicht darauf vorbereitet gewesen war. Tassen warteten auf den abendlichen Abwasch, die Bettdecke im Schlafzimmer war noch zerknüllt, bereit, wie jeden Abend wieder benutzt zu werden. Der Anrufbeantworter voller Mitteilungen, die mein Onkel nicht mehr abhören konnte, die Post nur halb geöffnet und zur Beantwortung bereitgelegt, ungelesene Zeitungsausschnitte, fein säuberlich gestapelt, eine Schreibmaschine, in der ein halb beschriebenes Blatt steckte.

Der Hausstand ließ erkennen, dass hier ein Leben nicht darauf vorbereitet gewesen war, so plötzlich beendet zu werden.

Und dann entdeckten wir etwas Erstaunliches. In einer Vitrine, fanden wir – eingepackt und gut verstaut – wunderschönes Geschirr und außergewöhnliche Kristallgläser, die mein Onkel ganz offensichtlich nie benutzt hatte. Sie waren einfach zu schön für den täglichen Gebrauch. Stattdessen hatte mein Onkel jeden Tag von einem ganz gewöhnlichen Geschirr gegessen, das vom steten Gebrauch schon ganz abgenutzt war, und seinen Wein aus unauffälligen, gewöhnlichen Bechern getrunken, weil die Angst vor dem Verlust eines seiner schönen Kristallgläser wohl zu groß gewesen war.

Die Gläser haben meinen Onkel überlebt. Unversehrt, aber auch unbenutzt. Er hatte sie für einen besonderen Tag aufgehoben, für einen besonderen Anlass, der nie eingetroffen ist. Jeden Tag zu einem besonderen zu machen, sich selbst jeden Tag mit dieser Schönheit zu beschenken, war er es sich offenbar nicht wert gewesen.

Mich machten die ein Leben lang unbenutzten Gläser ziemlich traurig. Mein Vater dagegen schien sich damals nicht besonders zu wundern.

Als mein Vater Jahre später bei einem Autounfall starb, half ich erneut mit, seinen Nachlass zu regeln. Und fand die wunderschönen Gläser wieder. Sie waren noch immer eingepackt und all die Jahre weiterhin unbenutzt geblieben. Auch bei meinem Vater hatten sie auf einen besonderen Anlass gewartet, der auch für ihn nie eingetroffen war.

Und so wanderten die Gläser, weiterhin unausgepackt,

mit der letzten Frau meines Vaters auf ein Schiff nach Portugal. Ich nehme an, dass sie auch dort einen sicheren Platz im hintersten Eck einer Vitrine gefunden haben. Unbenutzt, zu schön für den täglichen Gebrauch.

Diese Gläser sind gemacht worden, damit man aus ihnen trinken kann und wir Freude an ihnen haben sollen. Aber irgendetwas in uns sagt uns offenbar, dass wir dessen nicht wert sind, dass wirklich schöne Sachen nur selten und nur zu besonderen Zeiten benutzt werden dürfen.

Ich glaube, wir alle kennen Menschen, die feinste Pralinen für den besonderen Tag vertrocknen lassen, Schmuck niemals anlegen, weil der besondere Anlass einfach nicht kommen mag, die guten Schuhe niemals tragen, die besondere Zigarre niemals rauchen.

Eine Bekannte von mir hatte auf ihrem wunderschönen, neu gekauften Sofa eine alte verschrubbelte Decke, damit sich das Sofa nicht so abnutzte. Sie besaß also ein schönes Sofa, das sie unter einer alten gebrauchten Decke versteckte. Für einen ganz besonderen Moment. Falls irgendwann einmal erlesene Gäste ihre Behausung aufsuchen würden. Ich jedenfalls war kein solcher Gast. Auch sie selbst war in ihrem eigenen Zuhause kein würdiger Gast. Sie war es sich nicht wert, ihr eigenes Sofa zu benutzen.

Ich habe aus alldem gelernt. Ich überlegte mir, was ich alles besaß und nicht benutzte, weil es für den täglichen Gebrauch angeblich zu gut sei. Ich war überrascht, wie viele Dinge mir einfielen.

Ich wollte nicht, dass meine Nachkommen kostbare Dinge von mir eingepackt und unbenutzt in irgendwelchen Schränken finden würden. Ich nahm mir fest vor, all meine kostbaren Dinge zu überleben. Und so begann ich alles, was mein Auge erfreute, zu benutzen. Nichts war mehr zu schade, nichts zu schön, nichts zu kostbar. Und plötzlich spürte ich, wie viel Freude und Glück mir das bereitete. Ich war es mir wert. Ich war es mir wert, kostbare Dinge zu benutzen.

Den Schuhen meines Vaters entwachsen, aus den Fängen meiner Erziehung befreit, spürte ich, wie wundervoll es war, sich die Freiheit zu gönnen, sich selbst als wertvoll genug zu betrachten.

Warte nicht darauf, dass kostbare Dinge dich überleben.

- Sei es dir einfach wert, sie zu benutzen. Und weil du es dir wert bist, wird dein Leben wertvoll.
- Bewahre nichts für einen besonderen Tag auf. Jeder Tag ist ein besonderer Tag, wenn du ihn dazu werden lässt. Lass es dir jetzt gut gehen.
- Unternimm die heiß ersehnte Reise so bald als möglich und nicht erst dann, wenn du genug Zeit, aber nicht mehr die Gesundheit dazu hast.
- Teile deiner Familie und deinen Freunden lieber gleich mit, wie wichtig sie in deinem Leben sind und wie sehr du sie liebst. Lebe deine Liebe jetzt und warte nicht auf morgen.
- Jeder Tag ist etwas Besonderes. Jede Minute ist etwas Besonderes. Jede Sekunde ist etwas Besonderes. Du bist etwas Besonderes.
- Verzichte auf deinen Stolz und vergib lieber gleich.
- Vererbe nicht die guten Sachen, die für andere vielleicht

gar nicht den gleichen Wert besitzen, sondern benutze sie selbst.

- Verschenke lieber dein Kostbarstes: deine Zeit.
- Lebe jeden Tag ganz bewusst, weil du nicht wissen kannst, ob dies nicht dein letzter Tag werden wird.
- Gebrauche deinen Schmuck täglich oder zumindest immer dann, wenn du dich danach fühlst.
- Lebe mehr und putze weniger. Genieße deinen Garten und schaue weniger nach dem Unkraut.
- Warte nicht auf einen besonderen Tag, um zu lieben.
- Spare nicht mit Lob. Arbeite weniger. Gönn dir die schönsten Sachen gleich. Zieh deine schönen Sachen auch zu Hause an, wenn dir danach ist. Oder zum Einkaufen im Supermarkt. Benutze dein bestes Parfum jeden Tag, wenn du Lust darauf hast.
- Verschiebe nichts, was dir jetzt Spaß bereiten würde. Vielleicht kommt der Moment nie wieder zurück.
- Und vor allem: Überlebe dein Geschirr und deine kristallenen Gläser.

Glück ist ...
es sich wert zu sein,
kostbare Dinge jetzt zu benutzen.

Was würdest du tun,
wenn du nur noch eine Woche zu leben hättest?

Würdest du diese Woche
genau das Gleiche machen wie bisher?
Oder würdest du ganz anders leben?

Nun, du hast nur noch kurz zu leben.
Eine Woche, einen Monat, ein Jahr oder ein Jahrzehnt.
Was spielt das für eine Rolle?
Die Zeit wird vergehen, es wird immer zu kurz sein.
Die Zeit wird vergangen sein, und du wirst zurückblicken
und nicht verstehen,
wie du so unsinnige Dinge hast tun können.

Wir tun Dinge, die wir gar nicht wirklich tun wollen.
Wir tun Dinge, die uns gar nicht entsprechen.
Wir tun Dinge, die uns gar nicht glücklich machen.

Dabei gilt es immer nur eine Frage zu stellen:

Was würdest du tun, wenn du nur noch eine Woche
zu leben hättest?

Und dann tu die meisten dieser Dinge.
Es werden mit Sicherheit Dinge sein,
die dich und andere glücklich machen.

Genieße die Gegenwart
in ihrer ganzen Fülle

Die Zukunft wird immer anders sein.
Vor allem anders, als du sie dir vorstellst.

Wie schwer es uns fällt, die Gegenwart voll und ganz zu genießen, erkennen wir daran, dass unser Verstand entweder noch immer mit der Vergangenheit kämpft oder sich bereits intensiv mit der Zukunft beschäftigt.

Wie oft fahren wir zum Beispiel im Auto oder in der Straßenbahn und merken gar nicht mehr, dass wir einen inneren Dialog mit unserem Partner, unserem Vorgesetzten oder unseren Exliebhabern führen. Wir spielen gedanklich Gespräche und Situationen nach, die längst vorbei sind oder die wir in baldiger Zukunft führen wollen. Nicht selten malen wir uns dabei sogar die schlimmsten Befürchtungen aus. Wir versetzen uns selbst in unnötige Ängste und Sorgen, wegen Ereignissen, die noch gar nicht eingetreten sind, von denen wir aber sorgenvoll annehmen, dass sie sich genau auf die ausgedachte Weise entwickeln könnten.

Durch dieses Vorausdenken lassen wir eine Zukunft, die wahrscheinlich niemals so eintreten wird, in unserer Gedankenwelt zur Realität werden. Oftmals sind wir dann beängstigt, unsicher oder zweifelnd, obwohl wir uns genauso gut glücklich und zufrieden in der Gegenwart aufhalten könnten.

Hier ein Beispiel dafür, wie ich Jahre meines Lebens ängstlich in die Zukunft blickte, anstatt voller Freude den Augenblick zu genießen. Vor gut fünfundzwanzig Jahren bezog ich eine kleine Doppelhaushälfte, die auf einem Hügel stand und einen wundervollen Blick auf die weit entfernten Berge schenkte. Ich war voller Glück und Freude. Man sah kilometerweit über Wiesen und Täler, und an manchen klaren Tagen sogar bis weit nach Italien hinein. Wenn es in den Bergen schneite oder regnete, wusste man schon Stunden vor dem Eintreffen des Wetterumschwungs Bescheid. Dieser Ausblick war nicht nur ein Geschenk für die Augen, sondern für die ganze Seele. Ich liebte ihn. Ich kaufte mir ein Fernglas und war schon bald mit jedem einzelnen Berg in der Ferne vertraut. Ich war glücklich.

Nicht weit von diesem Haus entfernt gab es eine große Anzahl Apfelbäume, die im Sommer mit einer beeindruckend weißen Farbenpracht blühten und im Herbst jede Menge Äpfel trugen. Eigentlich war ihr Anblick wunderschön, aber da war etwas, das mich beunruhigte. Denn der Grund und Boden, auf dem die Apfelbäume standen, war als Baugrund ausgewiesen worden. Die Besitzer dieses Grundstücks hatten vor, dort irgendwann einmal, wenn ihre Kinder groß wären, ein Haus zu bauen. Der Bau dieses Hauses aber würde bedeuten, dass mir der wundervolle Blick verstellt werden würde. Dieser Blick, an den ich mich so gewöhnt hatte, den ich so sehr liebte, den ich so genoss.

Und so trübte mir diese unangenehme Zukunftsaussicht jede Sekunde meiner Gegenwart. Immer wenn ich auf dem Balkon stand oder in meinem Garten und in die Weite hinaussah, dachte ich daran, dass dies wohl sehr bald nicht mehr so sein würde.

Meine ursprüngliche Freude war gewichen, und jedes Mal, wenn ich in die Weite blickte, spürte ich eine gewisse Schwere und Traurigkeit. Von da an fragte ich mich innerlich fast täglich, wie lange ich meinen schönen Ausblick wohl noch genießen würde. Ich kletterte sogar aufs Dach und zeichnete Baupläne, wie ich mir die Aussicht »retten« könnte, wenn das Haus gebaut werden würde.

Die ironische Pointe dieser Geschichte ist, dass ich schon vor über zwanzig Jahren aus diesem Haus ausgezogen bin – und dass es den Ausblick noch immer gibt. Ebenso die Apfelbäume. Der Baugrund wurde bis heute nicht erschlossen.

Mein Verstand hat mir also jahrelang eine Szene vorgespielt, die bis heute nicht Wirklichkeit geworden ist. Er hat meine Gedanken und meine Energie gebunden und verbraucht und verhindert, dass ich meinen Ausblick wirklich genießen konnte.

Die Geschichte mit den Apfelbäumen ist mir eine große Lehre gewesen. Heute lasse ich es nicht mehr zu, dass mein Verstand anfängt, automatische, interpretierende Gedanken zu denken. Heute hüte ich mich davor, darüber nachzudenken, welche Entwicklung gewisse Dinge in einem, in zwei oder in fünf Jahren nehmen könnten.

Ich lebe jetzt.

Das Sprichwort »Cross the brigde when you come to

it« – Überquere die Brücke, wenn du sie erreichst – ist mir inzwischen in Fleisch und Blut übergegangen.

Heute beschäftige ich mich nur noch dann mit der Zukunft, wenn ich meine Ziele definiere und diesen Weg voller Freude betrachten kann. Ich schaue also nur dann nach vorn, wenn es mich glücklich macht.

Ängstliche Befürchtungen lasse ich nicht mehr zu. Und wenn sie trotzdem auftauchen, erinnere ich mich an die Geschichte mit den Apfelbäumen.

Vielleicht hast du ja auch solche »Apfelbäume«, die dich immer wieder daran erinnern können, dass dein Leben *jetzt* stattfindet.

**Glück ist …
die Gegenwart in ihrer ganzen Fülle
zu genießen.**

Der Alltag als Übung

Wo immer du gerade bist.
Was immer du gerade tust.
Jetzt ist der beste Moment,
um glücklich zu sein.

Wenn wir jetzt, in diesem Moment, glücklich sein wollen, müssen wir nur eines tun: unser Augenmerk auf die Dinge lenken, die uns ein angenehmes Gefühl schenken.

Dies bedeutet nichts anderes, als den Augenblick, den wir jetzt gerade erleben, einfach nur zu genießen. Jetzt, in diesem Moment, in dem du das Buch in der Hand hältst und liest. In dem du vielleicht einen Tee trinkst, dem Regen lauschst oder in die Sonne blinzelst.

Spüre einfach einmal nach, wie reich dieser Moment ist, wenn du ihn bewusst erlebst. Vielleicht hörst du in weiter Ferne einen Hund bellen oder einen Vogel zwitschern. Vielleicht ist es spät in der Nacht, und dein Partner schläft bereits, während du in deinem Buch liest. Dann schenke diesem behaglichen Augenblick deine ganze Aufmerksamkeit. Vielleicht lauschst du für eine kleine Weile dem sanften Atem deines Partners. Der Mensch an deiner Seite ist voller Vertrauen. Er weiß, dass er neben dir beruhigt schlafen kann. Vielleicht hast du auch Lust, ihn zu streicheln. Vielleicht willst du seine Stirn küssen. Genieße einfach ganz bewusst. Spüre die ganze Fülle, die dieser Augenblick dir bietet.

Glück ist kein großes, gewaltiges Gebäude, das erst errichtet werden muss. Glück ist die Ansammlung vieler kleiner Momente. Vielleicht erlebst du jetzt gerade, in diesem Augenblick, einen solchen Moment.

Vielleicht gehst du in die Badewanne und genießt die Wärme und Behaglichkeit, die das warme Wasser deinem Körper bereitet. Glück ist die Fähigkeit, genießen zu können; das tiefe Wissen, dass Genießen dir zusteht – genauso wie Freude und Lebendigkeit in deinem Leben.

Glück ist ...
den Augenblick, den wir jetzt gerade erleben, bewusst wahrzunehmen.

Schaffe dir
Momente der Lebensfreude

Das Leben ist viel zu kurz,
um schlecht gelaunt zu sein.

In der Gleichförmigkeit des Alltags laufen wir Gefahr, dass die Jahre an uns vorbeirauschen, ohne dass wir sie wirklich wahrnehmen. Ohne herausragende Momente, ohne jegliche Highlights haben wir dann rückblickend das Gefühl, nicht wirklich gelebt zu haben.

Begeh nicht den Fehler, andere dafür verantwortlich zu machen, sonst gibst du die Verantwortung für dein Leben an andere ab. Wenn du dies tust, stellst du dich im Grunde innerlich darauf ein, dein Leben nicht in der Fülle, die dir eigentlich zusteht, zu genießen.

Wenn du andere für den Verlauf deines Lebens verantwortlich machst, wirst du nur wenige Glücksmomente erleben.

- Sei dir darüber im Klaren, dass es immer nur deine eigene Entscheidung ist und war, dir Lebensfreude zuzugestehen oder zu verwehren.
- Für dein Leben ist immer nur einer verantwortlich. Du.

- Wenn du dein Leben aus der Hand gegeben hast, war das etwas, das *du* zugelassen hast. Niemand sonst.
- Erst, wenn du dies wirklich erkennst – auch wenn es vielleicht schmerzlich ist –, kannst du dein Leben wieder in die eigenen Hände nehmen.

Und erst, wenn du bereit bist, dein Leben in die eigenen Hände zu nehmen, wirst du nicht länger darauf warten, dass andere dir etwas gewähren. Du wirst es dir selbst gewähren. Du wirst beginnen, aktiv nach Glücksgefühlen zu suchen und nach Momenten der Lebensfreude Ausschau zu halten. Du nimmst wieder teil am Leben mit all seinen Möglichkeiten.

Vielleicht wirst du dann auch entdecken, dass du gar nicht so viel in deinem Leben zu ändern brauchst. Man benötigt oft keinen gewaltigen Rundumschlag oder muss gar schmerzliche Trennungen einleiten. Die Lebensfreude ist in uns selbst verborgen. Sie war schon immer dort. Wir haben sie nur nicht zugelassen.

Vielleicht haben wir nur zu sehr darauf geachtet, was andere von uns sagen oder denken könnten, wenn wir uns so geben würden, wie wir wirklich fühlen.

Oft trauen wir uns nicht einmal, ausgelassen zu sein, zu tanzen, zu singen, zu lachen oder voller Freude kindlichen Blödsinn anzustellen, voll sprühender Lebendigkeit alle Masken abzulegen und nur noch wir selbst zu sein. Viel zu sehr fürchten wir, welchen Eindruck dies wohl auf andere machen könnte, und kontrollieren unser Verhalten aus dieser Sorge heraus.

Aber …

*Der Preis ist ziemlich hoch, wenn wir unsere spontane
Überschwänglichkeit nicht ausleben.*

Damit schneiden wir uns von unserer Lebensfreude ab.
Und wir schneiden andere von ihrer Lebensfreude ab.
Denn auch sie trauen sich nicht, die aufgestellten Grenzen
zu überschreiten.

Dabei hatten wir alle schon Momente, in denen wir
unsere selbstgesteckten Grenzen vergaßen und mit unserer Euphorie auch andere angesteckt haben. Plötzlich
fanden wir uns in einer ausgelassenen Schneeballschlacht
wieder, verwüsteten die Küche mit Mehl, rauften bis zur
Erschöpfung mit unserem Partner, lieferten uns eine Kis-
senschlacht, tollten barfuß durch eine feuchte Wiese, roll-
ten einen Hügel hinunter, bespritzten uns mit Wasser oder
testeten, wer am weitesten spucken kann.

In diesen Momenten waren wir glücklich.

Hab keine Angst, das zu sein, was du bist.

Lebensfreude zu haben ist leichter, als man denkt.

Vor allem, wenn man entdeckt, dass andere sich dann
ebenfalls frei genug fühlen, auch aus sich herauszugehen.
Denn Lebensfreude ist ansteckend.

Aber was genau geht in diesem Moment »aus uns heraus«? Welchen Anteil von uns zeigen wir denn da? Es ist
unser inneres Kind, das spielen möchte, das Spaß haben
möchte, das voller Kreativität und Einfälle ist, voll ver-
rückter Ideen, voller fröhlicher Schöpferkraft. Es fragt
nicht nach Logik oder Sinn und Zweck.

Wir sind schon viel zu lange erwachsen,
ohne einen spielerischen Ausgleich zu unserer kindlichen
Freude gefunden zu haben.

Dabei muss ich oft an die Geschichte von den drei Mönchen denken, die im tiefen Winter in einem Auto saßen und in ein Tal hinabsahen, an dessen Ende eine Schneeverwehung die ganze Straße blockierte. Die Chance, heil durch sie hindurchzufahren, war relativ gering. Dennoch fuhren die Mönche mit hohem Tempo und mit vor Spannung geröteten Gesichtern die Straße hinab. Mit Karacho rauschten sie in den hoch aufgetürmten Schnee. Große, weiße Gischt stob in den Abendhimmel, und als die letzten Schneewolken die Sicht wieder freigaben, war den Mönchen klar, dass sie unrettbar im Schnee steckengeblieben waren und ihnen ein langer, langer Fußmarsch bevorstand.

Und was taten sie? Sie sahen sich an. Und dann? Dann begannen sie zu lachen. Sie lachten voller Freude über die neue, aufregende Erfahrung, die sie gemacht hatten. Es hatte Spaß gemacht, den Berg hinabzuschlittern, es war die pure Lust gewesen, solche Massen von Schnee aufstöbern zu lassen.

Noch als sie den Heimweg antraten, lachten sie und erzählten sich diese großartige Erfahrung immer wieder und in allen Details nach. Ja, sie hatten versagt. Ja, sie hatten sich überschätzt. Aber was für ein großartiges Erlebnis!

Unser Leben kann eine Ansammlung wundervoller Momente sein, ein Reichtum an Ideen und Kreativität, ein Feuerwerk an Ausgelassenheit, mit der wir alle anderen anstecken. Hättest du nicht auch Lust dazu?

Es ist immer nur eine Frage der Entscheidung.

Geh einfach in den Dialog mit deinem kreativen, spielfreudigen inneren Kind, kitzle es einfach wieder wach!

Sei albern!

Schaffe dir Momente der Lebensfreude, und hab den Mut, sie auch zu zeigen. Erwachsen warst du lang genug.

**Glück ist ...
immer wieder auch Kind sein zu dürfen.**

Jeden Morgen
neu zum Leben erwachen

Unsere Zeit auf dieser Erde ist heilig,
und wir müssen sie in jedem Augenblick feiern.
PAULO COELHO

Jedem von uns steht nur eine begrenzte Lebenszeit zur Verfügung. Wie wir mit dieser Zeit umgehen, wie wir sie gestalten, liegt allein in unserer Hand.

Nun weiß aber niemand von uns im Voraus zu sagen, wie groß die Zeitspanne sein wird, die wir noch erleben dürfen.

Als mein Vater starb, hat er viel Unerledigtes hinterlassen. Er hatte noch viele Pläne gehabt und sich auf so manches Vorhaben gefreut. Aber zu alldem sollte es nicht mehr kommen. Ein Autounfall riss ihn von einer Sekunde zur nächsten aus dem Leben. Nichts war mehr nachzuholen. Nicht Gelebtes blieb für immer nicht gelebt.

Sein Tod hat mich in meiner tiefsten Seele berührt und erschüttert. Damals war ich noch jung, und der Tod noch so weit entfernt. Doch nun war er ganz nah, und ich verstand mit jeder Faser meines Seins, dass wir vor der eigenen Sterblichkeit die Augen verschließen, obwohl sie uns eigentlich erst die Chance zum Leben gibt.

Versuche dein Leben einmal von dieser Warte aus zu betrachten:

Es ist ein außergewöhnliches Geschenk, morgens aufwachen zu dürfen. Es ist ein Geschenk, aufstehen zu dürfen, die Vorhänge aufzuziehen und einen neuen Tag zu begrüßen.

Wie groß dieses Geschenk ist, erkennen wir meist erst dann, wenn es zu spät ist. Wenn zum Beispiel ein Mensch, der uns nahestand, stirbt oder wir selbst durch eine Krankheit ans Bett gefesselt werden. Dann betrauern wir alle versäumten Möglichkeiten.

Wir nehmen also erst im Verlust die ganze Größe dieses Geschenkes wahr. Aber müssen wir wirklich warten, bis ein Verlust uns aufwachen lässt?

Wach jetzt auf. Umarme jetzt dein Leben. Lass dich auf das Leben ein, mit all seinen Möglichkeiten und in seiner ganzen Fülle. Beklage dich nicht darüber, dass deine Ansprüche nicht befriedigt werden können. Jeder Mensch hat das Gefühl, im Mangel zu leben, dabei leben wir oftmals bereits in der Fülle. Wir sehen sie nur nicht.

Heute ist dein wichtigster Tag.

Niemand von uns weiß mit Gewissheit, wie viele gesunde Tage oder Jahre noch auf ihn warten. Wie viele Sommer und Winter wir noch erleben können. Wie viele Regentage. Wie oft wir noch den Schnee und den Nebel sehen können. Das Prasseln eines Hagelsturms oder die friedliche Stille eines Sonnentages.

Heute ist dein wichtigster Tag.

Wenn du morgens wach wirst und aufstehst, dann werde wach für dein Leben. Entscheide dich, diesen Tag in seiner ganzen Fülle ganz bewusst wahrzunehmen.

Gehe achtsam in den Tag hinein. Beobachte jede deiner Handlungen bewusst, denn du hast sie viel zu lange als selbstverständlich abgetan. Dein Körper hat bis heute immer funktioniert. Sei glücklich, dass er es noch immer tut.

Genieße das Geschenk einer heißen Dusche, freue dich am Duft von getoastetem Brot, genieße die Fahrt zur Arbeit und das Lächeln, das man dir vielleicht gerade schenkt. Öffne dich ganz bewusst für alle Erlebnisse des Tages, für alle Begegnungen mit Menschen, die du heute treffen wirst. Es ist wunderschön, gesund zu sein, frei durchzuatmen, sich bewegen zu können.

· In deiner Lebendigkeit steckt das größte Glück.
· Wenn du dich entscheidest, ganz bewusst am Leben teilzunehmen, wirst du mit einer Kraft und einer Freude in Kontakt kommen, die dich tief berühren. Bleib neugierig!
· Jeder Tag ist außergewöhnlich, wenn du ihn bewusst, mit all deinen Sinnen wahrnimmst.
· Vielleicht wird es dir morgen schon nicht mehr möglich sein.
· Lebe diesen Tag, als wäre er dein wichtigster. Das ist er auch. Denn diesen Tag wirst du nie wieder so erleben wie heute.
· Alles, was du heute unterlässt zu tun, ist unwiederbringlich verloren. Denn die Zeit lässt sich nicht zurückdrehen.

- Heute ist dein wichtigster Tag.
- Entscheide dich ganz bewusst, am Leben teilzunehmen. Mach diesen Tag zu deinem ganz persönlichen Geschenk.

Glück ist ...
jeden Tag zu einem Geschenk
werden zu lassen.

Heiterkeit leben

*Wenn wir das Leben nicht so ernst nehmen würden,
wäre es oftmals urkomisch.*

In diesem Satz steckt mehr Wissen, als wir vielleicht ahnen, denn so manche Erlebnisse haben oft eine unglaubliche Komik.

Allerdings sehen wir dies meist nur dann, wenn wir nicht selbst daran beteiligt sind. Wenn wir uns zum Beispiel einen komischen Film ansehen, worüber lachen wir dort am meisten? Über die Missgeschicke anderer. Wir lachen natürlich nur, weil wir diese Art Missgeschick nur zu gut von uns selbst kennen.

Im Wiedererkennen lachen wir also nicht nur über den Filmhelden, sondern zu einem großen Teil auch über uns selbst. Und weil wir alle irgendwie immer Ähnliches erleben, lacht meist der ganze Kinosaal an den gleichen Stellen.

Der Filmheld lacht natürlich nicht. Im Gegenteil, je ernster und verbissener er wird, desto komischer wird er für uns, desto mehr amüsieren wir uns.

Genau genommen sind wir alle solche Filmhelden – nur im wirklichen Leben. Oftmals ist es urkomisch, wie wir uns verhalten. Und je ernster und verbissener wir werden, desto komischer werden wir in Wahrheit. Natürlich sehen wir das nicht so. Dafür sind wir viel zu sehr in unsere unglückliche Situation verstrickt.

Und doch gibt es Momente, da erkennen wir den kosmischen Witz.

Ich erinnere mich immer wieder gern an einen Abend mit Freunden vor vielen Jahren. Die Stimmung war bestens, und irgendwie kamen wir darauf, dass wir, obwohl wir uns so gut kannten, dennoch immer bemüht waren, nur unsere beste Seite herauszustreichen. Wir erzählten immer nur von unseren glorreichen Erfolgen und prahlten damit. Jeder wollte den anderen übertrumpfen.

Da kam einer von uns auf die merkwürdige Idee, dass wir uns zur Abwechslung mal all unsere Tiefpunkte, unsere größten Niederlagen, unsere peinlichsten Erfahrungen, unsere größten Missgeschicke erzählen sollten. Zunächst gab es einiges Erstaunen über diese verrückte Idee, aber schließlich gefiel uns der Gedanke so sehr, dass wir begannen, Streichhölzer zu ziehen, um zu entscheiden, wer mit seiner Geschichte anfangen sollte.

Und da geschah etwas Seltsames. Gleich der Erste, der an diesem Abend dran war, erzählte eine so traurig-lustige Geschichte, dass wir über sein riesiges Missgeschick zu kichern begannen. Es handelte von seinem ersten Date mit einer Freundin, die ihm damals so unglaublich wichtig gewesen war, dass er alles, was man nur falsch machen konnte, falsch gemacht hatte. Er erzählte auf eine Weise, als wäre es erst gestern geschehen, so nah und vertraut war ihm diese peinliche Niederlage noch immer.

Aber je mehr er erzählte, je weiter er sich in den unüberwindlich peinlichen Strudel hineinredete, desto größer wurde unsere Freude und unser gemeinsames Gelächter. Bei jedem weiteren Satz brachen wir in solches Lachen aus, dass auch der Erzählende irgendwann gar nicht anders konnte, als ebenfalls mitzukichern. Obwohl er immer wieder betonte, dass dies damals überhaupt nicht witzig gewesen sei.

Schließlich musste er aus vollem Halse mitlachen und versuchte immer wieder, nach Atem ringend, mit der Schilderung seiner größten Niederlage fortzufahren. Und am Ende erschien ihm sein Erlebnis selbst nur noch urkomisch und hatte seine tragische Dimension völlig verloren.

Wir alle haben Dinge erlebt, die wir lieber vor anderen verbergen. Aber wenn wir doch einmal den Mut aufbringen, davon zu erzählen, erkennen wir plötzlich, dass wir nicht allein sind, sondern dass es allen anderen ganz ähnlich ergeht. Wir alle haben peinliche Geschichten erlebt. Haben uns so seltsam aufgeführt, dass wir damit jedem Kinohelden hätten Konkurrenz machen können.

Wir verhalten uns eben oft unfreiwillig komisch. Und genau deswegen mussten wir in jener Nacht so lachen, weil wir uns alle in unserem Freund wiedererkannten. In seinem vergeblichen Versuch zu gewinnen, seinen gewaltigen Bemühungen, der Niederlage zu entrinnen, und seinem zwangsläufigen Scheitern, weil er sich mit jedem Schritt unrettbar tiefer in die Tragödie begab.

Noch heute muss ich schmunzeln, wenn ich an diesen Abend denke.

Viele Missgeschicke,
die uns im Augenblick als wichtig und wesentlich erscheinen,
sind in Wahrheit nur Transitprobleme.

Sie streifen uns und verlassen uns wieder. Warum so viel Aufhebens ihretwegen machen?

Wir sind nicht allein mit den peinlichen Momenten in unserem Leben. Jeder von uns hatte sie. Und wird sie immer wieder haben. Auch ich. Auch unsere Freunde. Auch unsere Feinde. Und natürlich auch du.

Wenn du dich das nächste Mal mit deinen Freunden triffst und die Stimmung richtig gut ist, vielleicht habt ihr dann Lust, euch auch einmal alle furchtbar peinlichen Momente in eurem Leben zu erzählen.

Lachen befreit ungemein. Gerade auch das Lachen über sich selbst. Meist kann man das aber erst dann, wenn andere einem dabei helfen. Erst dann sieht man, wie komisch das Leben manchmal sein kann.

Lachen nimmt dem Leben viel von seinem Ernst
und seiner Schwere.

Wenn man gemeinsam mit anderen über seine Missgeschicke zu lachen begonnen hat – auch und gerade über diejenigen, die noch immer an einem nagen, die man nicht loslassen kann –, wird man spüren, dass etwas Schönes mit einem geschieht. Man beginnt, sich wieder anzunehmen. Man beginnt, diese Momente in seinem Leben sogar zu lieben. Weil sie einem beweisen, dass man ein Mensch ist. Ein wunderbarer Mensch, der kämpft und liebt und sich abstrampelt.

Und das ist wundervoll. Das Leben ist wundervoll. Und manchmal zum Schreien komisch.

**Glück ist ...
über sich selbst lachen zu können.
Gerade dann, wenn es nichts zu lachen gibt.**

Meditieren ist der Schlüssel zum täglichen Glück

Mit geschlossenen Augen sieht man oft mehr.

Für so manchen klingt das Wort »Meditieren« angsteinflö-ßend. Anderen ist es zu »esoterisch«. Ich habe sogar Menschen erlebt, die eine regelrechte Abneigung gegen dieses Wort entwickelt haben. Dabei könnten wir genauso gut »innerlich zur Ruhe kommen« dazu sagen. Aber so mancher befürchtet, dass, wenn er wirklich zur Ruhe kommt, er vielleicht nicht mehr weitermacht mit dem, was er so täglich tut. Viele wollen also gar nicht zur Ruhe kommen und fahren lieber mit dem fort, was sie unglücklich macht.

Manche Menschen haben schon Angst davor, einfach nur für ein paar Minuten die Augen zu schließen. Sie haben Angst vor den Gefühlen und Gedanken, die hochkommen könnten.

Meditieren ist eigentlich nichts anderes, als sich in aller Ruhe hinzusetzen, die Augen zu schließen und *nichts zu tun*. Wir kommen einfach nur für einen kurzen Augenblick zur Ruhe. Zehn Minuten täglich genügen vollkommen. Allein durch diese zehn Minuten ändert sich vieles in unserem Tagesablauf.

Wie sieht unser Tag denn normalerweise aus? Wir wachen auf und beginnen sofort mit eifriger Betriebsamkeit, die anhält, bis wir abends müde ins Bett sinken und einschlafen. Wir sind also jede Sekunde beschäftigt. Wir agieren, reagieren, funktionieren. Viele Abläufe sind bereits so eingefahren, dass sie automatisch ablaufen. Vieles nehmen wir gar nicht mehr bewusst wahr. Wir treten unser selbstgewähltes Hamsterrad weiter und weiter, bis unsere Energie verbraucht ist und wir abends völlig erschöpft sind.

Wie wäre es, wenn du dich jetzt für zehn Minuten still und leise hinsetzt, die Augen schließt und deinen Tag vor deinem geistigen Auge Revue passieren lässt?

Was war schön, was hat dir weniger gefallen, was ist alles passiert? Hat es sich an diesem Tag gelohnt zu leben? Du wirst erstaunt sein, wie viel man an einem gewöhnlichen Tag leistet. Oft aber auch völlig Unnötiges.

Oft verlieren wir uns in der Hektik des Alltags. Wir fühlen uns gestresst und überfordert und versuchen, allen möglichen Anforderungen gerecht zu werden. Wir verbrauchen dabei unglaublich viel Energie, und am Ende des Tages haben wir das Gefühl, keinen besonders schönen Tag erlebt zu haben. Oft sind wir abends noch so aufgewühlt, dass wir lange brauchen, bis wir einschlafen können. Meistens überlegen wir uns dabei schon wieder, was wir am nächsten Tag alles erledigen müssen.

So ein Leben macht auf die Dauer keinen wirklichen Spaß.

Wir haben ständig im Blick, was wir alles tun müssen, und kommen nicht zur Ruhe. Sehr bald vermissen wir diese Ruhe. Wir fühlen uns immer ausgelaugter und überforderter.

Diese Ruhe wird aber nie einkehren, wenn wir sie nicht in uns selbst entstehen lassen.

Bereits zehn Minuten am Tag können uns diese Ruhe und Ausgeglichenheit zurückbringen.

Glück ist ...
sich selbst nahe zu sein.

Schenke dir
außergewöhnliche Momente

Wer in seinem Leben etwas haben möchte,
das er bisher nicht hatte,
der sollte etwas tun,
was er bisher noch nie getan hat.

Das muss nichts Weltbewegendes sein. Einfach nur etwas außerhalb dessen, was du gewöhnlich tust. Die außergewöhnlichen Ereignisse erschaffen Momente, an die wir uns noch Jahre danach erinnern werden.

Es ist leichter als du glaubst, sich aus dem Alltag herauszuziehen. Du musst nur Dinge tun, die dein Bewusstsein wieder in die Freude und Wachheit des Lebens holen.

In einem Zelt übernachten zum Beispiel, vor allem dann, wenn wir es schon lange nicht mehr gemacht haben und jedes Geräusch unsere Aufmerksamkeit fordert. Ein Lagerfeuer mit Freunden, eine Kanufahrt oder ein Liebeswochenende in einer einsamen Hütte.

Alles, was uns aus unserem Alltag und unserer Routine herausholt, ist dafür geeignet. Du könntest sogar noch einen Schritt weitergehen und etwas ganz *Ver-rücktes* machen. Oft müssen wir unsere Gewohnheit verrücken, um das Außergewöhnliche zuzulassen.

Vielleicht wolltest du schon immer mal Fallschirmspringen oder Wasserskilaufen. Oder einen Viertausender besteigen ...

Meine Mutter wollte zum Beispiel immer einmal Paragliding machen, und so schenkten wir ihr zum siebzigsten Geburtstag einen Tandem-Flug. Mit neunundsechzig nahm sie mit einem altem Jeep und einem Zelt an einer Safari in Afrika teil und machte ein paar Jahre zuvor mit mir ihre erste Ballonfahrt.

Noch heute strahlt sie übers ganze Gesicht, wenn die Sprache darauf kommt. Alle ihre Sinne waren damals angesprochen und wurden herausgefordert.

Überleg mal, wie oft und wie lange wir anderen Menschen noch von solchen außergewöhnlichen Momenten berichten. Manchmal liegen diese Augenblicke schon ziemlich weit zurück, aber noch immer spüren wir das Feuer und die Euphorie, die Kraft und die Freude, die wir erlebt haben. Alles ist noch wach wie damals.

Die Tour mit dem Fahrrad im strömenden Regen, der Flamenco-Tanzkurs, der anfangs so peinlich war und dann so aufregende Nähe brachte, das Baden nachts im See ohne Kleider, die Nacht im Auto, als wir uns verfahren hatten.

Das Außergewöhnliche lässt uns wieder aufleben.

Vielleicht fällt dir auf, dass alle außergewöhnlichen Momente meist auch körperlicher Natur waren. Das ist nicht weiter verwunderlich, wir erleben uns durch den Körper. Unsere Sinne sind nur deswegen eingeschlafen, weil wir unserem Körper nichts mehr bieten. Aber das kannst du ändern. Denn Glück ist, sich mit solch wachen Momenten zu beschenken.

Wenn eine Idee innerlich kribbelt, dann kannst du sicher sein, dass du eine aufregende Zeit vor dir hast. Alles, was neu und anders ist, weckt uns wieder auf.

Diese außergewöhnlichen Erlebnisse und Glücksmomente können wir mit ziemlich wenig Aufwand selbst erschaffen. An folgendes Erlebnis werde ich mich zum Beispiel immer erinnern:

Der Sternenhimmel auf Teneriffa

Vor vielen Jahren machten Michaela, meine Tochter Julia und ich Urlaub auf Teneriffa. Wir kurvten mit einem Auto in den Bergen umher und fanden einen wundervollen, mystischen Platz mitten auf einem Hochplateau. Hoch über dem Meer, auf der Spitze eines Vulkanbergs, war eine alte, kreisrunde Plattform von ungefähr zehn Metern Durchmesser gebaut worden. Es war ein unglaublicher Ort, um in die Weite des Meeres zu blicken.

Ich beschloss kurzerhand, dort zu übernachten. Wir fuhren also die mühsamen Kurven zurück zu unserem Domizil, ich brachte meine kleine Familie in die Sicherheit eines abschließbaren Zuhauses, schleppte die Matratze vom Bett ins Auto, nahm meinen Schlafsack, etwas Proviant und eine Thermoskanne und fuhr in der Abenddämmerung zurück in die Berge.

Als ich wieder dort eintraf, ging gerade die Sonne unter und bot mir ein unvergleichliches Naturschauspiel. Ich packte die Matratze aus und baute mir einen kleinen, gemütlichen Schlafplatz.

Noch war ich guter Dinge. Doch je dunkler es wurde, desto größer wurden auch die Bedenken. Durfte ich überhaupt hier sein? Was wäre, wenn jemand käme und mich nicht freundlich empfangen würde? Die Angst nahm immer mehr zu. Anstatt auf die reichhaltigen Farben des Meeres zu schauen, lauschte ich ängstlich auf jedes aus der Ferne zu mir herüberwehende Hundebellen. Ein paarmal war ich sogar so weit, wieder alles einzupacken und zu meiner Familie zurückzufahren. Was war ich doch für ein Stadtjunge.

Und dann schaute ich zum Himmel und war für einige Momente sprachlos. Noch nie hatte ich eine solche Fülle an Sternen gesehen. So klar, so nah. Ein Lichtermeer. In alle Himmelsrichtungen. Der Himmel glühte. Millionen von Sternen funkelten in einer Klarheit, die ich bis dahin so noch nicht gesehen hatte. Es war, als wären sie lebendig. Verbunden mit mir. Es war, als hätten sie eine eigene Sprache, als gebe es dort draußen unendliches Leben. Ich war so erfüllt von dem Schauspiel, dass ich alles andere um mich herum vergaß und nur noch diese unglaubliche, intensive Schönheit wahrnahm. Ich empfand eine solche Freude, eine solche Euphorie und gleichzeitig einen solch tiefen Frieden, dass ich vollkommen überwältigt war.

In diesem Moment geschah etwas Unfassbares. Ich fühlte mich aufgefangen und geborgen. Ich war nicht länger allein. Ich stand in Verbindung mit der Unendlichkeit des Universums, war ein Teil davon, war verbunden und mit ihm verwoben. Es gab eine höhere Ordnung, und ich war Teil dieser Ordnung. Ich begann vor lauter Freude zu weinen.

Nach endlosen Ewigkeiten des Staunens schlief ich schließlich ein. Als ich kurz darauf wieder die Augen öffnete, war der Himmel ein gutes Stück weitergewandert. Niemals zuvor habe ich die Rotation unserer Weltkugel so intensiv wahrgenommen.

Immer wieder schlief ich für kurze Zeit ein und wachte immer wieder staunend auf. Nie war mir auf so eindringliche Weise gezeigt worden, dass wir auf einem Planeten sitzen, der sich im Weltraum um die eigene Achse dreht.

Ich *spürte*, dass wir nur ein ganz kleiner Teil eines großen Ganzen sind. So wie unser Körper aus unendlich vielen Teilen besteht, die voneinander anhängig sind, so sind wir ein Teil eines anderen, größeren Organismus.

Ich war nur noch glücklich. Tief beseelt, in tiefem Frieden, bewegte ich mich durch den Weltenraum und war Teil eines größeren Ganzen. Ich spürte so etwas wie eine Fügung. Und weil es eine Fügung gab, hatte ich keinen Anlass mehr, weiterhin ängstlich oder gar misstrauisch zu sein. Mit einem Mal war ich mit meinem tiefen Urvertrauen verbunden. Ein Gefühl, dass ich nie wieder vergessen habe.

Ich übernachtete noch viele Nächte dort. Jede Nacht war so beeindruckend wie die erste. Es war fast so, als würde ein altes Programm in mir gelöscht und neu formatiert. Ich tankte in diesen Nächten Zuversicht und Urvertrauen, Liebe und unglaubliche Verbundenheit.

Und immer, wenn ich einmal nicht so zufrieden mit mir oder der Welt bin, schließe ich die Augen und kehre in Gedanken zu diesem außerordentlichen Platz zurück. Bereits wenige Augenblicke später bin ich wieder so beseelt wie damals auf dem Berg.

Jeder von uns kann sich immer wieder mit solch beeindruckenden Erlebnissen beschenken. In solchen Momenten liegt unser Glück vergraben. Weil wir in solchen Momenten wach und bewusst sind und für endlose Ewigkeiten in der Wahrnehmung des Augenblicks verweilen können.

Glück ist ...
sich immer wieder außergewöhnliche Momente zu schenken.

Glück ist ansteckend

Das Geheimnis des Glücks
liegt nicht im Besitz, sondern im Geben.
Wer andere glücklich macht,
wird glücklich.
ANDRÉ GIDE

Manchmal sind es gerade die kleinen, unscheinbaren Dinge, die unser Leben vollständig umdrehen können.

Vor vielen Jahren hatte ich so ein scheinbar kleines Erlebnis, das sich für mich als ziemlich bedeutsam herausstellen sollte.

Es war ein regnerischer Tag, ich war ziemlich missmutig und wollte ins Kino gehen. Ich traf aber viel zu früh dort ein. Ich kaufte mir also eine Karte und ging bis zum Beginn des Films in die ziemlich modern eingerichtete Lounge.

Ich trank etwas, lauschte der Musik und las ein bisschen in einem Buch, als mir plötzlich die Kellnerin auffiel. Sie war charmant und bemüht, es allen recht zu machen, aber der Andrang kurz vor Beginn des Films war gewaltig. Trotzdem behielt sie stets den Überblick, auch wenn sie einige Male zu Unrecht von ungeduldigen Gästen unfreundlich behandelt wurde.

Als ich schließlich mein Getränk bezahlte – wahrlich

kein großer Betrag –, rundete ich die Summe auf und gab ihr ein sehr, sehr hohes Trinkgeld. Sofort wiederholte die junge Frau die eigentliche Summe, die ich zu bezahlen hatte, da sie glaubte, ich hätte mich geirrt. Als ich ihr aber bedeutete, es sei durchaus in Ordnung so, sah sie mich erstaunt an. Dann bekam sie Tränen in die Augen. Für eine lange Sekunde betrachtete sich mich reglos, und wir beide spürten, wie tief gerührt sie war.

Für ein paar Sekunden waren wir beide aus unserem alltäglichen Leben gerissen. Für diesen einen kurzen Moment war zwischen uns eine fast magische Nähe entstanden. Zwei Seelen tauschten tiefes Verständnis füreinander aus.

In diesem Moment war ich glücklich. Ein unbeschreibliches Gefühl.

Mit einem stillen Lächeln steckte sie das Geld ein, wischte sich mit einem Finger über die Augen und nickte mir kurz dankend zu.

Wenn jemand anderes glücklich ist, spüren wir,
wie wir etwas von diesem Glück zurückbekommen.

Wer hatte nun wen beschenkt? Ihre Reaktion hatte ein unbeschreibliches Gefühl bei mir ausgelöst. Und dieses Glück hielt noch bis zum nächsten Tag an. Noch heute, immer wenn ich wieder daran denke, empfängt mich dieses wundervolle Gefühl.

Andere mit Glück zu beschenken,
macht einen selbst glücklich.

Warum ist das so? Warum werden wir durch so etwas plötzlich selbst glücklich? Ganz einfach: Gefühle sind ansteckend. Vor allem aber Glücksgefühle.

Beim Verschenken kleiner Glücksmomente treten wir in Resonanz mit dem Glücksgefühl anderer. Es bringt auch etwas in uns zum Schwingen.

Glück ist ansteckend.

Wir alle kennen das. Wenn jemand wütend wird, werden wir ebenso rasch ungeduldig und aufbrausend. Wenn jemand ängstlich ist und sich unsicher fühlt, werden wir bald ein ähnliches Unbehagen spüren.

Wenn wir eine Wohnung betreten, in der ein glücklicher Mensch wohnt, spüren wir dies sofort. Diese Wohnung scheint etwas Behagliches zu haben, etwas, wo wir uns wohlfühlen. Sind wir an einem Ort des Friedens und der Stille, zum Beispiel in einem Kloster, beginnen wir zu flüstern, wir fühlen uns erhaben und voller Würde. Ganz ähnlich ist es in der Nähe eines Menschen, der in sich ruht. Wir fangen diese Energie auf und reagieren auf sie.

Als ich einmal Seiner Heiligkeit dem Dalai Lama die Hand schütteln durfte, war ich noch Wochen danach in wundervoller Ruhe und Ausgeglichenheit.

Oder wenn jemand sein Lachen nicht unterdrücken kann und nicht aufhört zu giggeln, müssen wir ebenfalls lachen, ob wir wollen oder nicht. Wenn uns jemand mit Achtung und Anerkennung behandelt oder uns mit seiner Liebe und Fürsorge beschenkt, werden wir ganz ähnliche Gefühle für ihn empfinden.

Genauso verhält es sich auch mit dem Glück. Glück ist ein Gefühl. Und wie bei allen anderen Gefühlen auch, hebt uns auch das Glück anderer in die Schwingung von Glück. Glück ist extrem ansteckend.

Gefühle aber sind flüchtig. Sie lassen sich nicht unbegrenzt halten. Deswegen benötigen sie ständig Impulse. Und zwar immer wieder neue.

Der Kellnerin aus dem Kino einmal pro Woche ein Trinkgeld zu geben, scheint also nicht ratsam. Denn das daraus resultierende Gefühl ließe sich nicht ewig wiederholen.

Aber unser Leben bietet uns täglich Millionen solcher Möglichkeiten. Wenn wir immer wieder welche davon ergreifen, haben wir schon ein wundervolles Werkzeug gefunden, um uns immer wieder selbst in den Zustand von Glück zu versetzen.

Wenn wir andere Menschen glücklich machen,
beschenken wir uns selbst mit Glück.

Glück ist nämlich ein Wesensanteil, den wir bereits besitzen. Wir können uns nämlich nur deswegen vom Glück eines anderen Menschen anstecken lassen, also in Resonanz mit dem Glücksgefühl treten, weil wir diese Schwingung ebenfalls in uns haben. Durch das Glück eines anderen wird also auch unser eigenes Glückspotential wachgerufen.

Glück ist ...
eine Ansammlung vieler kleiner
Glücksmomente.

Der Schnellkurs zum Glücklichsein

Möchtest du einen kurzen, rasanten Schnellkurs im Glücklichsein machen?

Probiere es aus. Einen Tag lang. Vielleicht kommt dir ein ganzer Tag dafür etwas lang vor. Aber was ist schon ein Tag von dreihundertfünfundsechzig Tagen im Jahr? Und das auch noch von vielen, vielen Jahren in deinem Leben.

Wenn du meinen Vorschlag lächerlich oder gar peinlich findest, dann denk daran, dass dir dies nur dein Verstand einflüstert. Höre deshalb nur auf dein Gefühl.

Dein Bauch irrt sich nicht.

Und denk daran: Das Folgende tust du nicht für die anderen, sondern für dich. Für dich ganz allein.

Was du tun sollst, ist Folgendes:

Für einen einzigen Tag in deinem Leben lässt du allen anderen den Vortritt. Du lässt sie beim Autofahren vor dir in die Schlange, lässt andere Autos, die von einer Seitenstraße kommen und einbiegen wollen, mit einem freundlichen Winken vor dir in den Verkehr fließen, gibst anderen Passanten auf der Rolltreppe den Vortritt, lässt andere zuerst in den Bus einsteigen, lässt sie vor dir in den Aufzug, öffnest anderen die Türen, winkst sie in den Parkplatz, lässt sie an der Kasse im Supermarkt mit einer netten Geste vor, hilfst jemandem, wenn es sich anbietet, beim Tragen seiner Einkaufstaschen und hast immer ein nettes Wort für alle Menschen, die du normalerweise einfach ignorierst. Das Zimmermädchen im Hotel, der Portier, der Kellner im Restaurant, die Kollegen im Büro, selbst die Politesse bekommt dein Lächeln geschenkt. Es gibt keine Ausnahmen.

Du gibst auch dem Bettler an der Straße mehr Geld, als du es normalerweise tun würdest. Du hilfst der alten Dame aus der Straßenbahn, erklärst Touristen den Weg, beschenkst andere mit Lob und Anerkennung, vor allem diejenigen, die du normalerweise nicht beachten würdest, hilfst mit beim Anschieben eines liegengebliebenen Autos, spannst für jemanden den Regenschirm auf und bringst deinem Partner eine kleine Aufmerksamkeit mit. Du trägst für ihn die Tasche, hinterlässt eine kleine Liebesbotschaft am Kühlschrank und deckst ihn nachts liebevoll zu.

Vielleicht schreibst du eine Postkarte an den Menschen, dem du schon lange einmal wieder schreiben wolltest, oder rufst jemanden an, der sich über einen Anruf von dir freuen würde.

Warum dies alles für dich wichtig sein sollte? Weil nur ein einziger Tag dein ganzes Leben verändern kann. Alle Worte, alle Beschreibungen können dir nicht das Gefühl vermitteln, das du haben wirst, wenn du einen einzigen Tag deines Lebens auf diese Weise verbringst.

Am Abend, wenn du ins Bett gehst, wirst du spüren, wie reich du plötzlich geworden bist; wie beseelt, beliebt und geliebt. Vor allem aber wirst du entdecken, welche Sinnhaftigkeit dein Leben plötzlich bekommt.

Und du wirst feststellen, dass die ganze Welt dich nun ebenso freundlich und zuvorkommend behandelt.

Zwischen dem Wissen und dem Spüren
liegt ein gewaltiger Unterschied.

Schenke dir diese Erfahrung, und du wirst sie nie wieder vergessen.

Und ja, es ist so einfach, in den Fluss des Lebens zu kommen. Wenn du einen solchen Tag erlebt hast, wirst du vielleicht einen zweiten und einen dritten erleben wollen.

Mach diesen einen Tag deines Lebens zu einem ganz besonderen Geschenk für dich. Beschenke andere mit deiner Anerkennung, deiner Geduld, deiner Zuversicht und deinem Zuvorkommen.

Und ja, lieber Verstand, manchmal ist das Wachrufen von Glücksgefühlen wirklich so einfach.

Die abgeschwächte Version

Von meinen Seminaren weiß ich, dass es einigen Menschen gar nicht so leichtfällt, sich auf solch einen Tag einzulassen. Hier hat sich folgende Variante als sehr erfolgreich herausgestellt:

· Nimm dir an diesem einen Tag vor, nur fünf solcher Handlungen auszuführen.
· Steigere dies an einem anderen Tag auf zehn solcher Dinge.

- Wiederhole diese zehn Dinge an einem anderen Tag.
- Steigere dies irgendwann auf zwanzig solcher Dinge.
- Meist gibt einem dies so viel Mut, sich endlich auf einen ganzen Tag einzulassen.

Natürlich wird es uns nicht gelingen, jeden Tag auf diese Weise zu leben. Oft wird uns unsere Vergangenheit wieder einholen. Alte Muster werden sich wieder melden. Wir werden empört, wütend oder verletzt reagieren und diese Gefühle mit uns herumschleppen, auch wenn wir sie noch so gern loswerden würden. Manchmal kommen wir eben nicht so schnell aus unserer alten Haut heraus.

Wenn wir aber mehr Übung mit solchen Tagen und Gefühlen bekommen, wird es uns immer leichter gelingen. Wir können uns dann sogar ganz bewusst aus dem Gefühlstief herausziehen, indem wir diese Übungen machen.

Wenn du zum Beispiel merkst, dass es dir nicht besonders gut geht, dass du am liebsten die Wände hochgehen würdest oder du keinen Sinn in deinem Leben mehr erkennen kannst oder du einfach nur traurig bist, dann ist ein besonders guter Zeitpunkt dafür.

Glück ist ansteckend.

Glück ist ebenso ansteckend wie Lachen oder Trauer oder Wut. Wenn du andere zum Glücklichsein anstiftest, steckst du dich selbst auch an. Ist es nicht das, was wir wollen?

Glück ist ...
anderen zum Glück zu verhelfen.

Wandel braucht Zeit

Sei nicht ungeduldig, wenn nicht alles auf Anhieb klappt. Ungeduld hilft dir nicht in den Zustand von Glück.

Beschimpfe dich nicht, wenn du merkst, dass du wieder in alte Muster zurückgefallen bist. Ein Leben lässt sich nicht von heute auf morgen mit einem Handstreich beiseitefegen oder komplett umkrempeln.

Lass dir einfach Zeit. Sei geduldig mit dir. Besonders, wenn unser Ziel das Erleben von Glück ist, ist Leistung kein sehr probates Mittel.

Beschäftige dich, so oft es geht, mit den Handlungsweisen, von denen du weißt, dass sie dich zu deinem eigenen Glück führen können.

Gib diesen Tätigkeiten und Handlungen einfach mehr Augenmerk, und du wirst Tag für Tag, Stunde für Stunde, Minute für Minute dem Gefühl immer näherkommen, nach dem du dich so sehr sehnst. Dem Gefühl, geliebt zu werden. Und zwar von dir selbst.

In dem Moment, wo du beginnst, dich selbst anzunehmen, beginnt das Glück in seiner ganzen Fülle in dein Leben zu treten.

Spüre einfach nach, welche Verhaltensweisen dich dem Glück näherkommen lassen, und beobachte, welche Verhaltensweisen dich davon trennen.

Und dann beginne einfach Schritt für Schritt, die störenden Verhaltensweisen abzulegen und die Verhaltensweisen, die dich glücklich sein lassen, zu verstärken.

Und das Wichtigste:

Bleib dran. Bleib dran. Bleib dran.

Glück ist ...
konsequent dranbleiben zu können.

Das Geschenk

Vielen Dank, dass ich das Glück hatte, dieses Buch schreiben zu dürfen.

In dieser Zeit habe ich viel über mich erfahren. Denn dieses Buch hat mich wieder etwas näher zu mir selbst gebracht.

Denn ich lerne, während ich schreibe, ich erfahre, während ich lehre. Ich erfahre noch mehr über mich und die Zusammenhänge, in denen ich mich befinde.

Ich fasse mich also gern an die eigene Nase. Auch ich verliere mich noch oft im Alltagstrubel. Auch ich verirre mich. Auch ich muss mich immer wieder erinnern, jeden Tag bewusst und neu zu erleben.

Ein Buch zu schreiben, kann ein Geschenk sein.

Dieses Buch ist eines für mich.

**Glück ist …
Geschenke als solche erkennen zu können.**

Pierre Franckh
gibt Wochenendseminare

· Wie wird man glücklich?
· Wie erkenne ich meine unbewussten Wünsche?
· Was torpediert mein Glücksgefühl und was kann ich daran ändern?
· Wie wird man seine Zweifel los?
· Wie spüre ich all meine Glaubensmuster auf?
· Wie räume ich den inneren Weg frei, um mein Glück auch zuzulassen?
· Wie schaffe ich es, mein Glück zu verwirklichen?
· Wie kann ich mein Leben so gestalten, dass es für mich wundervoll wird?
· Wie verwirkliche ich meine Ziele in Beruf und Partnerschaft?

Das Eingehen auf persönliche Fragen und Anliegen während des Seminars kann einen tieferen Einblick in die eigenen Verhaltensweisen geben und Möglichkeiten aufzeigen, wie man aus dem Kreislauf der einengenden Muster aussteigt und neue Lebensqualität gewinnt.

Wenn wir einmal die eigene Kraft und damit die persönliche Macht gespürt haben, Dinge in unserem Leben nach unserem Willen zu verändern, erhalten wir nicht nur unser Selbstwertgefühl zurück, sondern auch das Gefühl, eine glücklichere und gelassenere Person zu sein. Wenn wir beginnen, unsere Wünsche und Ziele erfolgreich umzusetzen, fühlen wir uns glücklich. Wir fühlen uns als aktiven Teil der Welt, die wir nach unseren Wünschen gestalten. Wir gehen heraus aus der ohnmächtigen Abhängigkeit von anderen und hinein in die eigenständige Unabhängigkeit.

Wunder geschehen jeden Tag. Warum nicht auch bei dir?

Alle Termine sind auf der Homepage von Pierre Franckh zu finden: www.pierre-franckh.de

Wer mehr Informationen über mich und die aktuellen Aktivitäten erhalten möchte, möge sich bitte ebenfalls auf meiner Homepage informieren.

Wer meinen 14-tägigen Newsletter beziehen möchte, kann sich gerne auf meiner Homepage eintragen. Der Newsletter ist natürlich kostenlos.

www.pierre-franckh.de

Stärke entwickeln,
mit Leichtigkeit

180 Seiten. ISBN 978-3-442-34177-1
auch als E-Book erhältlich

Wir können uns jeden Tag entscheiden,
unser Leben zu verändern. Schon 6 Minuten
am Tag genügen!

Weitere Themen der Erfolgsreihe:
Erfinde dich neu, Liebe & Selbstliebe

arkana

Der Schlüssel zum Erfolg

320 Seiten. ISBN 978-3-442-33890-0

Pierre Franckh erklärt anschaulich,
dass Erfolg wesentlich mehr ist als
die Suche nach Anerkennung oder
Geld. Erfolgreich sein heißt, den
eigenen Lebensplan zu entdecken
und diesem Ruf zu folgen.

arkana